Dieses Buch gehört:

_____

_____

_____

Hölkers kleine Küchenbibliothek

Wildfrüchte
selbst gesammelt und zubereitet

gesammelt und notiert
von Anneliese und Gerhard Eckert

verlegt von

Wolfgang Hölker

ISBN: 3-88117-396-X

© 1985 Verlag Wolfgang Hölker GmbH, Münster
Alle Rechte vorbehalten, auch auszugsweise
Graphische Gestaltung: Rainer Eichler
Printed in Germany by Druckhaus Cramer, Greven
Buchbinderische Verarbeitung:
Klemme, Bielefeld
Musterschutz angemeldet beim Amtsgericht Münster

Inhalt

Inhalt

Wildfrüchte haben den Geschmack der Natur

Sicher haben es nur wenige so bequem: wir machen ein paar Schritte ins Freie, um bereits inmitten wildwachsender Brombeeren, Heidelbeeren, Himbeeren, Holundern oder Haselnüssen zu stehen. Aber wenn wir an den Wochenenden beobachten, wie Autos mit städtischen Kennzeichen in der Nähe halt machen, um „unsere" Brombeeren und die anderen köstlichen Wildfrüchte sammelwütig zu plündern, bevor wir alles eingeheimst haben, dann ist es mit unserem „Monopol" nicht weit her. Ja, die Städter sind beinahe versessener auf die Früchte aus der „freien Wildbahn" als die Dörfler in unserer Nachbarschaft – und es sei ihnen herzlich gegönnt!
Denn das Obst, das in Hecken, im Wald, an Waldrändern und Wegrainen „wild" wächst, ist nicht nur dankenswert kostenlos erhältlich, sondern überdies frei von jeder chemischen Einwirkung und dazu reich an Aroma und Vitaminen. Hier war kein fleißiger Gärtner am Werk, der die Früchte noch größer, noch bequemer pflückbar, noch widerstandsfähiger gemacht hat – hier wächst alles wie seit jeher und wie es über viele Jahrhunderte den Menschen geschmeckt hat. Ob Walderdbeere,

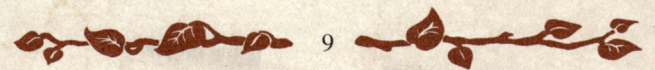

ob Hagebutte, ob Brombeerstrauch, ob Heidel-
oder Preiselbeergestrüpp, ob Edelkastanienbaum
oder Holunder etc. etc. – mitten in freier Natur be-
gegnen Sie dem unverfälschten Ursprung dessen,
was als Ergebnis einer raffinierten Züchtung in
unsere Gärten gewandert ist. Dieser Ursprung ist
heute so schmackhaft wie eh und je, obwohl wir
grundsätzlich den dicken Erdbeeren, den dornen-
losen Brombeersträuchern, den murmelgroßen
Gartenheidelbeeren (und was es darüber hinaus
noch alles gibt …) nicht Unrecht tun wollen.
Aber auch wenn sie mühsamer zu sammeln, mit
mehr Arbeit zuzubereiten und weniger attraktiv
in Format und Aussehen sind: Wildfrüchte bleiben
in ihrer Art unübertrefflich! Sie sind ein wahrer
Schatz, den Mutter Natur für alle, die sich die
Mühe des Suchens, Sammelns und Pflückens
machen, freigebig bereithält.
Manches davon freilich welkt, vertrocknet oder
vergeht, ohne daß es Abnehmer fand, soweit nicht
die Tiere sich ihren Teil holten. (Zu denen übrigens auch unser Hund gehört, der mit Appetit und
Umsicht beim Beerenpflücken ins eigene Maul
mitmacht! Er weiß, was ihm gut tut.) Jedenfalls
ist die Speisekammer der heimischen Wälder,
Wiesen, Hecken auch heute noch reich bestückt.
Kaum einer vermag sich noch zu erinnern, wie ihn
vor rund vierzig Jahren der Hunger hierher trieb,
um etwas zur Anreicherung der geradezu kärg-
lichen Kost aufzustöbern. Damals waren die
Beeren rasch verschwunden, ja, sie wurden oft

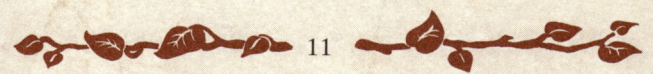

schon halbreif gepflückt. Zum Glück sammeln wir heute ausschließlich aus Freude an der wildwachsenden Ernte und um unseren reichhaltigen Küchenzettel mit ein paar Glanzlichtern zu versehen, an die nicht jeder gleichermaßen kommt. (Obwohl so manche dieser wilden Früchte im Geschäft oder von Versandfirmen angeboten werden, wenn auch nicht so frisch und preiswert wie unsere eigenhändige Ernte!)

Nehmen Sie also das Sammeln von Wildfrüchten, die die Natur Ihnen großzügig schenkt, in Ihr Jahresprogramm auf. Zwischen Juni und Oktober, also fünf Monate lang, ist der Tisch der Wildfrüchte draußen in der Natur gedeckt. Sie brauchen nur zuzugreifen. Bestimmt macht die ganze Familie mit.

Sie können sicher sein, von Ihrer Ernte (oder Ihrem Einkauf) etwas Leckeres zu bereiten.

Wir haben Ihnen eine Rezeptauswahl für Beilagen, Kompotte, Säfte, Desserts und Kuchen aus unserer eigenen Küchenpraxis zusammengestellt, die Ihnen den Umgang mit dem manchmal vielleicht ungewohnten wilden Obst erleichtert.

Lassen Sie sich alles so gut schmecken, wie es uns selbst geschmeckt hat. Guten Appetit mit Wildfrüchten!

Welche Wildfrüchte gibt es eigentlich?

Sie werden überrascht sein, wie viele Wildfrüchte Sie sammeln und zubereiten können. Und sie kommen – hier häufiger, da seltener – fast überall in Europa vor. Allenfalls die Bäume mit Maronen (Eßkastanien) bevorzugen die mildere Luft des Südens (etwa an der Bergstraße oder am Bodensee), während sie im Norden kaum zu finden sind. Allerdings: die Natur bietet auch giftige Beeren an, vor denen Sie sich hüten müssen. Häufig kommen sie auch als Ziersträucher vor. Essen oder bereiten Sie nur, was Sie wirklich gut kennen.
Im Zweifelsfall erkundigen Sie sich in einer Apotheke.

Das sind die **Giftbeeren:**
Liguster – schwarze Beeren
Nachtschatten – rote Beeren
Pfaffenhütchen – vierkantige rote Kapselfrüchte
Schneeball – rote Früchte
Stechpalme – korallenrote Früchte, 7–10 mm groß
Tollkirsche – schwärzliche Früchte,
                  glänzend: starkgiftig!
Zaunrübe – scharlachrote oder schwarze Beeren

Nun aber all das, was aus Wald und Flur in Ihre Küche wandern kann:

Brombeeren –
die schwarzen Früchte wachsen an Sträuchern in Wäldern und Gebüschen. Reifezeit: August bis Oktober. Roh und gekocht genießbar.

Erdbeeren –
die kleinen Walderdbeeren wachsen an Böschungen, auf Waldlichtungen mit Sonne. Reifezeit: ab Juni bis Herbst. Roh und gekocht genießbar. Reich an Vitamin C.

Hagebutten –
die rötlichen Früchte der Hecken- oder Hundsrosen, 20 Arten in Wäldern und Buschhecken. Reifezeit: Juli bis Oktober. Zubereitung etwas mühsam. Reich an Vitamin C und Eisen.

Haselnüsse –
die Früchte des Haselstrauchs, kleiner als Gartenhaselnüsse, meist in Hecken. Reifezeit: ab Frühherbst. Roh und gekocht genießbar.

Heidelbeeren –
auch als Blau- oder Bickbeeren bekannt, die blauen Beeren eines Mini-Heidestrauchs, der oft in großen Flächen im Nadelwald, auf der Heide und im Moor wächst. Reifezeit: Hochsommer. Roh und gekocht genießbar.

Himbeeren –
die Sträucher bevorzugen Waldlichtungen und

Rodungen. Reifezeit: ab Juni. Roh und gekocht
genießbar. Vorsicht vor Maden! (Siehe Seite 29)

Holunderbeeren –
mancherorts auch Fliederbeeren genannt.
Dolden mit kugelrunden schwarzen kleinen
Früchten. Reifezeit: September/Oktober.
Reich an Vitamin C. Roh unbekömmlich.
Gekocht als Saft beliebt bei Erkältungen.

Maronen –
Eßkastanien vom Edelkastanienbaum, in grün-
licher Stachelhülle. Reifezeit: September/Oktober.
Roh und gekocht genießbar.

Preiselbeeren –
rote kleine Beeren in Nadelwäldern und Mooren
an Zwergstrauch mit glänzenden immergrünen
Blättern. Reifezeit: Spätsommer. Reich an Vitamin C. Roh sehr herb, schmecken besser gekocht.

Sanddorn –
der bis 6 m hohe Strauch bevorzugt trockene Sand-
und Kiesböden, Böschungen. Orangegelbe, ovale,
6–8 mm lange Beeren. Reifezeit: Oktober. Unge-
wöhnlich reich an Vitamin C. Weniger roh als in
Form von Saft genießbar.

Schlehen –
schwarzblaue herbe Früchte des (weiß blühenden)
Schwarzdorns, in Hecken an Wegrändern. Reifezeit: später Herbst, sodaß sie vor der Ernte Frost
bekommen haben. Nicht roh essen, nur heiß überbrühen und nicht auskochen.

Vogelbeeren –
die roten Beeren der Eberesche (auch Zierstrauch
bzw. -baum bis 15 m Höhe). Reifezeit: zwischen
Juli und Oktober. Reich an Vitamin C. Roh nicht
schmackhaft, gut als Gelee.

Wacholder –
typischer Heidestrauch, der auch auf der Schwä-
bischen Alb vorkommt. Wird als Baum bis 12 m
hoch. Grün-dunkelblaue Beeren. Reifezeit: Spät-
herbst. Roh nicht eßbar. Verwendung als Gewürz
oder Grundlage für Schnaps.

Walderdbeeren – klein, aber köstlich

Kenner wissen: das kräftigste Aroma besitzen die zwar kleinen, aber umso gehaltvolleren (Vitamin C!) Walderdbeeren. Deshalb pflanzen kluge Gartenbesitzer eine Variante der Walderdbeere als „Monatserdbeere" zusätzlich in ihre Beete. Eine Bowle aus Walderdbeeren schlägt die aus gezüchteten Mammuterdbeeren um Längen! Daher dieses Rezept zuerst:

Bowle von Walderdbeeren

750 g Walderdbeeren (möglichst frisch gepflückt), 250 g Würfelzucker, 3 Flaschen Weißwein (einen spritzigen, nicht den billigsten!), 2 Flaschen Sekt (je besser, desto bekömmlicher für die Bowle)

Die gesammelten Walderdbeeren kalt abwaschen, falls nötig entstielen und abtropfen lassen. Den Würfelzucker im Bowlengefäß verteilen und die Erdbeeren darüber anordnen, sodaß der Zucker gut bedeckt ist. Ein Glas Weißwein darüberschütten. Zugedeckt ein paar Stunden kühl stellen und ziehen lassen. Unmittelbar vor dem Servieren den restlichen Wein und den gut gekühlten Sekt darübergießen.

Wer eine etwas herbere Bowle vorzieht, läßt den Zucker fort und übergießt die Walderdbeeren sofort mit einer Flasche Weißwein. So läßt man sie ziehen, bevor weitere Flüssigkeit hinzugegossen wird.

Erdbeer-Pfannkuchen

500 g Walderdbeeren, 100 g Weizenmehl, 1 Prise Salz, 4 Eier, ⅛ l Milch, 1 Eßlöffel Rum, Butter zum Backen, Saft von 1 Zitrone, feiner Zucker zum Bestreuen

Die frischen Walderdbeeren vom Stielansatz befreien, waschen und im Sieb abtropfen lassen. Mehl in eine Schüssel geben, mit dem Salz mischen. Nach und nach Eier sowie Milch zugeben und mit dem Mixer verrühren. Mit dem Rum gut abschmecken.
Butter in der Pfanne schmelzen lassen, ein Viertel des Teigs hineingeben und unter Anheben der Pfanne die Teigmasse breitlaufen lassen. Jeweils 125 g Erdbeeren gleichmäßig auf den noch flüssigen Teig verteilen und den Pfannkuchen auf beiden Seiten goldgelb backen. Den weiteren Teig in gleicher Weise backen. Vor dem Anrichten mit Zitronensaft beträufeln und mit feinem Zucker überstreuen.

Quarkspeise mit Walderdbeeren

500 g Sahnequark, 125 g Zucker, 1 Päckchen Vanillezucker (echt, aus dem Reformhaus!), 1/8 l süße Sahne, 3/8 l Milch, 75 g Pumpernickel, 1 Eßlöffel Rum, 750 g frische Walderdbeeren

Den Quark mit dem Mixquirl glatt rühren. Zucker, Vanillezucker, Sahne und Milch darunterschlagen. Pumpernickel reiben und nach Geschmack mit Rum tränken (Weinbrand ist ebenfalls geeignet, der Alkohol kann aber auch ganz weggelassen werden). Geriebenen Pumpernickel mit der Quarkmasse gut vermischen. Die Walderdbeeren von den Stielen befreien, kalt abspülen und abtropfen lassen. Vorsichtig unter die Quarkmasse verteilen und kühl stellen.
Das Erlebnis für einen heißen Sommertag!

Erdbeer-Reis

1 Tasse Rundkornreis (für Milchreis geeignet), 1/4 l Milch, 1 Prise Salz, 50 g Zucker, 300 g Walderdbeeren, 1/4 l Schlagsahne, 1 Päckchen Vanillezucker

Den Reis in kaltem Wasser abspülen und die Milch zum Kochen bringen. Den abgetropften Reis in die kochende Milch schütten, Salz und nach Geschmack Zucker hinzugeben und bei kleiner Hitze etwa 15 Minuten ausquellen lassen. Anschließend kühl stellen.

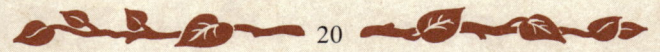

Von den frischen Walderdbeeren den Stengelansatz entfernen, in kaltem Wasser waschen und
abtropfen lassen. Die Schlagsahne unter Beigabe
von Vanillezucker steif schlagen. Die Walderdbeeren mit dem abgekühlten Reis vermischen und
danach die steifgeschlagene Sahne unterheben.
Vor dem Servieren noch einmal kühl stellen.
Eine erfrischende Leckerei an warmen Sommer-
abenden!

Überbackene Walderdbeeren

*750 g Walderdbeeren, 1 Likörglas Grand Marnier
oder Cointreau, Saft von ½ Zitrone, 50 g Zucker,
500 g festes Vanille-Eis (im Becher oder Block),
3 Eiweiß, 1 Päckchen Vanillezucker*

Die Walderdbeeren vom Stielansatz befreien, kalt
abspülen und abtropfen lassen. In eine Schüssel
füllen, mit dem Likör und dem Zitronensaft
beträufeln und mit Zucker gleichmäßig überstreuen. Die Schüssel zum Kühlen in das Tiefkühlfach oder eine Tiefkühltruhe stellen, jedoch nicht
gefrieren. Die Eiweiß unter Beigabe des Vanille-
zuckers sehr steif schlagen.
Eine Auflaufform zum Abkühlen ins Tiefkühlfach
stellen. Das Vanille-Eis in Scheiben schneiden und
damit die eiskalte Auflaufform rasch auslegen.
Die gut gekühlte Erdbeermasse darüber füllen.
Den steifen Eischnee über die Erdbeeren verteilen.

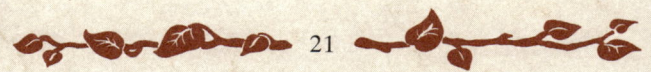

Die Auflaufform in den kräftig vorgeheizten Grill
oder Backofen schieben und bei starker Oberhitze
den Eischnee leicht bräunen lassen. Anschließend
sofort servieren.
Damit dieses köstliche Dessert gelingt, muß das
Überbacken des Eischnees so rasch in Gang
kommen, daß das Eis nicht vorzeitig schmilzt.
Alle Arbeitsgänge vom Auslegen des Eises in der
Auflaufform an müssen blitzschnell aufeinander-
folgen. Der abschließende Genuß lohnt das
Arbeitstempo!

Erdbeerige Götterspeise

*500 g Walderdbeeren, 100 g Zucker, $\frac{1}{2}$ l trockener
Weißwein, Saft und abgeriebene Schale einer unge-
spritzten Zitrone, 7 Blatt rote Gelatine, $\frac{1}{8}$ l süße
Sahne, 1 Päckchen Vanillezucker*

Die frischen Walderdbeeren von den Stielen
befreien, kalt abspülen und im Sieb abtropfen
lassen. Einige schöne Beeren als Garnitur beiseite
legen.
Die Walderdbeeren in eine Schüssel geben und mit
Zucker bestreuen. Den Weißwein mit Zitronensaft
und der abgeriebenen Zitronenschale aufkochen
und anschließend den Topf vom Herd nehmen.
Die in kaltem Wasser eingeweichte, gut ausgedrückte Gelatine in den Wein geben und so lange

rühren, bis sie sich aufgelöst hat. Nun über die Walderdbeeren in der Schüssel gießen und kalt stellen.
Die Schlagsahne unter Beigabe von Vanillezucker sehr steif schlagen. In einen Spritzbeutel füllen und die erstarrte Masse der Götterspeise damit originell bespritzen. Am Ende alles mit den zurückbehaltenen Erdbeeren garnieren.

Erdbeer-Törtchen

Teig: 200 g Mehl, 1/2 Teelöffel Backpulver, 125 g gemahlene Mandeln, 1 Päckchen Vanillezucker, 50 g Zucker, 1 Prise Salz, 1 Ei, 125 g Butter, Mehl zum Ausrollen, Fett zum Ausreiben der Tortelettförmchen (10 cm Durchmesser)
Belag: 50–100 g Couvertüre (Halbbitter oder Vollmilch), 500 g Walderdbeeren, 75 g Zucker
Garnitur: 1/4 l Schlagsahne, 1 Eßlöffel Zucker, 1 Teelöffel Zitronensaft

Das Mehl mit Backpulver, Mandeln, Vanillezucker, Zucker und Salz vermischen. Das Ei dazugeben und die Butter darüberflocken. Mit dem Knethaken des Rührgeräts zu einem festen Teig verkneten. Den Teig mindestens 30 Minuten im Kühlschrank ruhen lassen. Auf einer bemehlten Arbeitsplatte 1/2 cm dick ausrollen und die gefetteten und mit Mehl bestäubten Tortelettförmchen damit auslegen. Auf der zweiten Schiebeleiste von

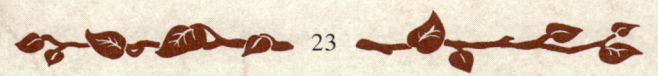

oben in dem auf 200 °C vorgeheizten Backofen
(Heißluftherd 160 °C, Gasherd Stufe 4) des E-Herdes 15–20 Minuten backen. Danach die Törtchen
vorsichtig aus der Form nehmen und zum Auskühlen auf ein Gitterrost plazieren.
Couvertüre im Wasserbad schmelzen lassen.
Die Innenseite der Törtchen mit der Masse dünn
ausstreichen und fest werden lassen. Die Erdbeeren auslesen, entstielen, abspülen und abtropfen lassen, mit Zucker überstreuen und
vorsichtig mischen. Die Törtchen damit auslegen.
Sahne mit Zucker und Zitronensaft sehr steif
schlagen. In den Spritzbeutel füllen und die
Erdbeeren nach Belieben garnieren.

Sahnerolle mit Walderdbeeren

*Teig: 5 Eigelb, 3 Eßlöffel warmes Wasser,
200 g Zucker, 1 Päckchen Vanillezucker (echt, vom
Reformhaus!), 5 Eiweiß, 80 g Speisestärke,
100 g Weizenmehl, 1 Teelöffel Backpulver
Füllung: ½ l Schlagsahne, 1 Päckchen Sahnesteif,
50 g Zucker, 700 g Walderdbeeren
Außerdem: Backpapier zum Auslegen des Backblechs, 1 Küchentuch, Puderzucker zum Übersieben*

Die 5 Eigelb mit Wasser, der Hälfte des Zuckers
und dem Päckchen Vanillezucker mit dem Mixquirl zu einer dicken, cremigen Masse schlagen.
In einer zweiten Schüssel die Eiweiß steif schlagen

und dabei nach und nach die zweite Hälfte des Zuckers zugeben. Der Eischnee muß schnittfest sein. Auf die Eigelb-Creme die Speisestärke, das Mehl sowie das Backpulver sieben, den Eischnee darübergeben und mit dem Schneebesen behutsam alles miteinander vermischen. Die Masse mit einem breiten Messer gleichmäßig auf das mit Backpapier ausgelegte Backblech streichen. Den Backofen des E-Herdes auf 200 °C vorheizen und auf der zweiten Schiebeleiste von oben 20 Minuten zartgelb backen (im Heißluftherd 160 °C, Gasherd Stufe 4).

Die fertig gebackene Biskuitplatte mit dem Backpapier vom Backblech heben und mit der Oberseite nach unten auf ein ausgelegtes Küchentuch stürzen. Das Backpapier vorsichtig abziehen.

Von der Schmalseite her die Biskuitplatte mit Hilfe des Küchentuchs aufrollen und erkalten lassen. Die Sahne unter Beigabe von Sahnesteif und Zucker steif schlagen. Die inzwischen abgekühlte Biskuitplatte behutsam entrollen und gleichmäßig mit Sahne bestreichen. Die entstielten, kalt abgespülten und abgetropften Walderdbeeren gleichmäßig auf der Sahnemasse verteilen und leicht eindrücken. Die Biskuitplatte vorsichtig wieder zusammenrollen und mit Puderzucker überstäuben. Wenn nötig, die Ränder glatt schneiden. Kühl stellen.

Vor dem Servieren in zierliche Scheiben schneiden und zum Kaffee reichen.

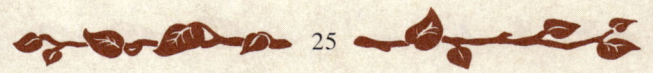

Kandierte Walderdbeeren

Diese Köstlichkeit bekommen Sie fertig kaum
irgendwo zu kaufen. Sie können als ungewöhn-
liches Konfekt ebenso verwendet werden wie als
Garnitur von Süßspeisen, Torten, aber auch
Salaten. Allerdings ist die Zubereitung etwas lang-
wierig, und Sie brauchen für das Kandieren (also
das Austauschen des Fruchtsaftes mit Zucker zum
Haltbarmachen) Geduld.
Besonders geeignet zum Kandieren sind feste,
nicht zu kleine Früchte. Den Stengelansatz ent-
fernen, die Walderdbeeren unter fließendem kalten
Wasser abspülen und gut abtropfen lassen. Jetzt in
Wasserdampf (Siebeinsatz über kochendem
Wasser) vorsichtig garen, wobei sie nicht zerfallen
dürfen.
Aus 1,5 kg Einmachzucker und 1½ l Wasser eine
Zuckerlösung kochen, bis diese Fäden zieht. Die
Zuckerlösung so über die gegarten, abgetropften
Früchte im Sieb (Wasser im Topf vorher entfernen) gießen, daß sie die Früchte ganz bedeckt.
Das Ganze 48 Stunden stehen lassen und danach
das Sieb mit den Früchten aus der Zuckerlösung
nehmen. Die Zuckerlösung erneut zum Kochen
bringen, bis sie abermals Fäden zieht, und erneut
über die Früchte im Sieb gießen. Diesen Vorgang
weitere fünf Male jeweils im Abstand von 48 Stunden wiederholen. Falls die Zuckerlösung nicht aus-
reicht, erneut Zucker und Wasser zugeben und mit
verkochen.

Beim letzten Kochvorgang die Zuckerlösung so
stark eindicken, daß sie lange Fäden zieht.
In dieser Masse die Früchte mit Hilfe eines Spieß-
chens wenden und auf einem Gitterrost langsam
trocknen lassen. Dabei dürfen die Früchte zuletzt
nicht mehr kleben und müssen seidig glänzen.
Sie werden in einer luftdichten Dose bis zur Verwendung aufbewahrt.

Eismilch von Walderdbeeren

*250 g Walderdbeeren, 1 Eßlöffel Honig, 1 Eßlöffel
Zitronensaft, ³/₈ l Milch, 4 Kugeln Vanille-Eis,
¹/₁₆ l Schlagsahne*

Die Erdbeeren von Stielen befreien, kalt abspülen
und abtropfen lassen. Einige Erdbeeren (4 oder 8)
als Garnitur aufheben.
Die Walderdbeeren mit dem Mixer pürieren, mit
Honig und Zitronensaft würzen und mit der Milch
verquirlen.
In hohe Gläser je eine Kugel Vanille-Eis geben.
Die Erdbeermilch darübergießen. Die Sahne steif

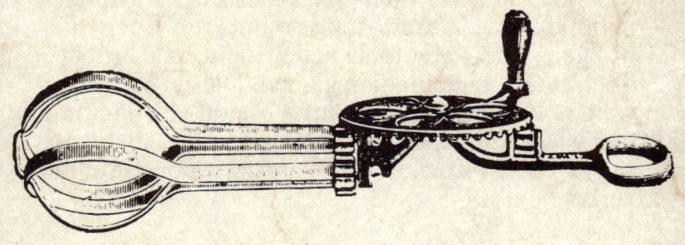

schlagen und ein Häubchen davon auf die Milch
setzen. Mit 1 oder 2 Erdbeeren verzieren.

Erdbeer-Champagner

*Ca. 250 g Walderdbeeren, 50 g Zucker, 2 Gläser
Weißwein, 2 Gläser Champagner oder Sekt*

Die Walderdbeeren entstielen, kühl abspülen und
abtropfen lassen. Mit dem Zucker überstreuen und
etwa eine halbe Stunde zugedeckt ziehen lassen.
Dann entweder mit dem Mixer pürieren oder
durch ein Sieb drücken.
Diese Erdbeermasse auf 4 Sektgläser verteilen und
jedes Glas zunächst zur Hälfte mit Weißwein, zur
anderen Hälfte mit Champagner oder Sekt auffüllen.
Dieses Getränk eignet sich hervorragend als
Apéritif. Man reicht es jedoch auch zu einem Toast
als Vorspeise.

Kinder-Erdbeer-Sekt

Das nach dem vorhergehenden Rezept zubereitete
Erdbeerpüree kann man ohne Alkohol für die
Kinderparty einsetzen. Dazu in ein hohes Glas
5 Eßlöffel von dem Püree geben und mit gut
gekühltem Mineralwasser auffüllen. Übrigens
schmeckt das erfrischende Getränk an heißen
Tagen auch Erwachsenen.

Vielerlei von Waldhimbeeren

Zu bücken braucht man sich beim Pflücken von Waldhimbeeren nur selten. Auch die Dornen stören nicht sehr. Aber es könnte sein, daß die von Ihnen gesammelten Himbeeren schon gefräßige Gäste haben: Maden. Die wissen eben, was gut schmeckt! Bevor Sie jede Himbeere untersuchen, hier ein altes Hausrezept: Schütten Sie Ihre frisch gesammelten Himbeeren in einen Emailtopf, den Sie maximal zu drei Vierteln füllen. Einen Deckel darauf und über Nacht kühl stellen. Am nächsten Morgen finden Sie alle Insassen Ihrer Himbeeren auf der Unterseite des Deckels versammelt, und Ihre Früchte sind unbedenklich zu verwenden. Über den fetten Fang auf der Deckelunterseite aber freuen sich bestimmt die Vögel vor Ihrem Fenster.

Himbeermarmelade

1 kg Waldhimbeeren, 1 kg Gelierzucker

Die reifen Waldhimbeeren verlesen und schlechte aussortieren. Falls sie nicht schmutzig sind, sollten

die empfindlichen Früchte nicht gewaschen
werden.
Die Himbeeren mit dem Mixquirl pürieren, den
Gelierzucker hinzufügen und erneut gut durchrühren. Die Masse in einem Topf zum Kochen
bringen und vier Minuten sprudelnd kochen
lassen. Darauf in vorbereitete Gläser füllen, die
vorher mit hochprozentigem Alkohol kurz ausge-
spült wurden, und sofort luftdicht (Cellophan oder
Schraubverschluß) verschließen.
Sollten Ihnen die Kernchen der Früchte lästig sein,
müssen Sie das Himbeerpüree durch ein Haarsieb
geben und können erst dann das Fruchtmark wie
beschrieben verwenden.

Püree von Waldhimbeeren

*500 g frische Waldhimbeeren, Zucker (nach
Geschmack), ½ Likörglas Himbeergeist (falls keine
Kinder mitessen)*

Die Waldhimbeeren gut verlesen, mit kaltem
Wasser leicht überspülen und abtropfen lassen.
Mit dem Mixquirl zerkleinern und durch ein feines
Sieb streichen. Mit Zucker nach Geschmack süßen
und mit einem Schuß Himbeergeist parfümieren.
Dieses Püree ist ideal zu Eis, zu Quark- und
Joghurtspeisen, zu Grießpudding und Milchbrei
sowie als Bestandteil von Mixgetränken.

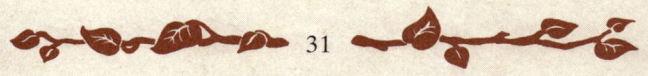

Süßer Himbeertoast „Melusinenhof"

4 Scheiben Toastbrot, 3 Eßlöffel Butter, 3 Eßlöffel Zucker, 250 g Waldhimbeeren, 50 g geröstete Mandelblättchen, 2 Eiweiß, 2 Eßlöffel Puderzucker

Die Toastscheiben in einer Pfanne mit zerlassener Butter unter Beigabe von Zucker goldbraun rösten. Vorsicht, damit der Zucker nicht zu dunkel wird! Die Toastscheiben auf Teller verteilen und gleichmäßig mit abgespülten, gut abgetropften Himbeeren belegen. Geröstete Mandelblättchen darüber streuen.
Eiweiß mit Puderzucker steif schlagen und über die Himbeeren auf dem Toastbrot streichen.
Im Grill überbacken, bis die Eiweißspitzen sich bräunen. Sofort heiß servieren.

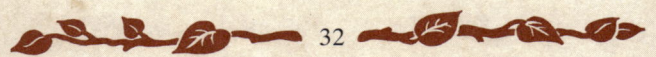

Himbeer-Sahne-Creme

*500 g Waldhimbeeren, 100 g Zucker, 1 Päckchen
Vanillezucker, 4 Blatt weiße Gelatine, ⅛ l süße Sahne*

Die Himbeeren verlesen und die schlechten aussortieren. Einige schöne Früchte als Garnitur aufheben. Die restlichen Früchte mit der Gabel zer-
drücken und mit Zucker und Vanillezucker verrühren.
Die Gelatine in kaltem Wasser einweichen, ausdrücken, mit wenig Wasser etwas erwärmen, bis sie
sich auflöst. Dann unter die Himbeeren mischen
und kühl stellen. Sobald die Masse zu stocken
beginnt, die steifgeschlagene Sahne unterheben.
Die Creme in eine mit kaltem Wasser ausgespülte
Form füllen und einige Stunden kühl stellen.
Wenn die Speise fest geworden ist, aus der Form
stürzen und die Creme mit den zurückbehaltenen
Himbeeren garnieren.

„Hohlhippen" mit Himbeersahne

*2 Eier, 125 g Zucker, 125 g Mehl, 3 Eßlöffel kaltes
Wasser, Backpapier oder Fett zum Ausstreichen des
Backblechs, 250 g Waldhimbeeren, ¼ l Schlagsahne,
3 Eßlöffel Puderzucker, 1 Teelöffel Sahnesteif*

Eier und Zucker schaumig rühren und abwech-
selnd Mehl und Wasser zufügen. Diesen Teig zu
runden, handtellergroßen, sehr dünnen Plätzchen

auf ein vorbereitetes Backblech streichen. Auf der
obersten Schiebeleiste des auf 200 °C vorgeheizten
Backofen des E-Herdes 10 Minuten hellbraun
backen (Heißluftherd 160 °C, Gasherd Stufe 4).
Wenn sie aus dem Backofen kommen, werden die
Plätzchen sofort zu kleinen Tüten geformt und
dann zum Erkalten beiseite gelegt. Die Himbeeren
verlesen, falls nötig waschen, gut abtropfen lassen.
Einige schöne Beeren für die Garnitur aussortieren. Die anderen Beeren durch ein Sieb passieren.
Sahne mit Puderzucker und Sahnesteif sehr steif
schlagen. Das Himbeerpüree unterheben und die
„Hippen" mit dieser Masse füllen. Zuletzt mit den
zurückbehaltenen Himbeeren garnieren.

Waldhimbeer-Sirup

Der einzige Nachteil dieses aromatischen
Himbeer-Sirups besteht darin, daß Sie danach
um handelsüblichen Himbeer-Sirup einen Bogen
machen. Nach dem Motto: das Bessere ist des
Guten Feind. Es lohnt sich, lediglich für diesen
Sirup „in die Himbeeren" zu gehen.

500 g Waldhimbeeren, 500 g Zucker

Die verlesenen, mit kaltem Wasser überspülten
und gut abgetropften Waldhimbeeren mit dem
Mixquirl pürieren. Den Zucker untermischen.
Diese Masse 24 Stunden zugedeckt stehen lassen

und danach durch ein Haarsieb streichen.
Den durchgestrichenen Saft zum Kochen bringen, dann 15 Minuten lang ein wenig köcheln
lassen und erneut durch ein Haarsieb gießen.
Geeignete saubere Flaschen mit hochprozentigem
Alkohol (Weinbrand, Rum über 50%, Himbeergeist oder dgl.) ausspülen, abgießen und den Saft,
sobald er abgekühlt ist, hineinfüllen. Luftdicht
verschließen.
Dieser Himbeersirup ist vielseitig verwendbar.
Mit Mineralwasser wird er zum prickelnden Er-
frischungsgetränk. Zu allen Arten von Pudding,
zu Crêpes, Pfannkuchen und Waffeln läßt er sich
als Sauce anbieten. Wenige Tropfen putzen einen
Eisbecher oder Schlagsahne aromatisch heraus.

Waldhimbeer-Essig

2 l Obstessig oder milder Weinessig,
½–1 kg Waldhimbeeren, 1 Steintopf für 3–4 l Inhalt

Den Obstessig in einen sauber gewaschenen Steintopf gießen. Die verlesenen und – wenn nötig – kalt
abgespülten und abgetropften Waldhimbeeren
hineingeben, sodaß der Topf ganz gefüllt ist.
Den Topf verschließen und zwei Wochen in einem
kühlen Raum ziehen lassen.
Dann den Inhalt des Topfes durch ein feines Haarsieb gießen, sodaß die Früchte möglichst unzer-
quetscht zurückbleiben. Den Essig in saubere

Flaschen füllen, verkorken und kühl aufbewahren.
Dieser fein aromatisierte Essig ist ideal für milde
und dennoch pikante Salatsaucen.

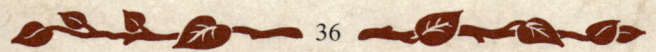

Himbeerbowle

500 g frische Waldhimbeeren, 125 g Zucker,
2 Flaschen Weißwein (spritzig), 2 Flaschen Sekt

Die Himbeeren verlesen und unansehnliche bzw.
schlechte Früchte aussortieren. Mit kaltem Wasser
überspülen, abtropfen lassen und mit Zucker überstreuen. Mehrere Stunden zugedeckt ziehen
lassen. Den gut gekühlten Weißwein darübergießen und behutsam umrühren. Die Flüssigkeit

durch ein Sieb gießen, sodaß die Himbeeren mit ihren Kernchen nicht in der Bowle sind. Zuletzt den gut gekühlten Sekt hinzugießen.

Himbeerflip

³/₈ l eisgekühlte Milch, 1 Ei, 150 g frische Wald-himbeeren, 2 Eßlöffel Zucker, 1 Likörglas Himbeer-geist

Von den verlesenen und – wenn nötig – abgespülten Himbeeren 4 Stück als Garnierung zurückbehalten. Im übrigen alle Zutaten im Mixer eine halbe Minute auf kräftigster Stufe durchmixen. In Gläser füllen und jedes Glas mit einer ganzen Himbeere verzieren.

Himbeer-Buttermilch-Cocktail

1 Likörglas Himbeersirup (Rezept Seite 33), 3 Likörgläser Buttermilch, 1 Schuß Himbeergeist, 1 Eiswürfel

Himbeersirup, Buttermilch und Himbeergeist im Shaker mixen, den Eiswürfel hinzugeben.

Heidelbeeren –
in jeder Form ein Genuß

„In die Heidelbeeren gehen", das ist nicht nur für Kinder ein Mordsspaß. Wo finden wir die schönsten und reichlichsten Beeren? Wer hat zuerst die Tasse oder einen Eimer voll? Und der blaue Mund verrät sofort, wer die leckeren Beeren nicht nur ins Töpfchen, sondern auch „ins Kröpfchen" gesteckt hat. Wird zu Hause oder im Urlaubsquartier dann die Ernte verarbeitet, fällt die Wahl aus mancherlei Gründen schwer. Eine Heidelbeertorte oder auch ein ganz einfacher Heidelbeer-Hefekuchen schmecken jedes Jahr von neuem gut. Ganz besonders jedoch legen wir Ihnen Grethes Quarkkäulchen mit Heidelbeeren ans Herz – im armen Land Sachsen einst eine rustikale Hauptmahlzeit, heute nach Belieben Mahlzeit oder Dessert, aber ein guter Anlaß, in Heidelbeeren zu schwelgen. Nützen Sie die wenigen Wochen aus, in denen Heidelbeeren knackfrisch in den Wäldern reifen.

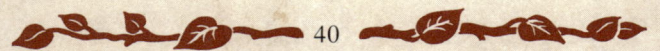
„Grethes Quarkkäulchen" mit Heidelbeerkompott

Heidelbeerkompott: mindestens 500 g Heidelbeeren, ca. 150 g Zucker, $\frac{1}{4}$ l Wasser, abgeriebene Schale von 1 ungespritzten Orange
Quarkkäulchen: 1,5 kg gekochte Pellkartoffeln, 500 g Speisequark, 4 Eier, 100 g Rosinen, abgeriebene Schale von 1 ungespritzten Zitrone, 3 Eßlöffel Zucker, 1 Teelöffel Salz, 4 Eßlöffel Mehl
Außerdem: Pflanzenfett zum Backen, Zucker und gemahlener Zimt (gemischt) zum Bestreuen

Die Heidelbeeren verlesen, kurz waschen und in dem Zuckerwasser einmal aufkochen. Etwas abgeriebene Orangenschale verbessert das Aroma. Kalt stellen.
Die am Vortage gekochten Kartoffeln schälen, reiben und mit Quark, Eiern, Rosinen, Zitronenschale, Zucker, Salz und Mehl zu einem geschmeidigen Teig verrühren. Mit bemehlten Händen fingerdicke, runde Plättchen von etwa 8–10 cm Durchmesser (oder beliebig) formen. In der Pfanne in heißem Fett rundherum goldgelb backen. Heiß auf den Tisch bringen, mit Zucker und Zimt bestreuen und dazu auf dem gleichen Teller (oder auf einem Kompott-Teller) in Heidelbeerkompott schwelgen.

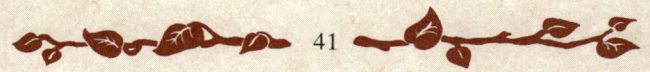
Heidelbeerpfannkuchen

100 g Mehl, 2 Eier, ¼ l Milch, 1 Prise Salz, 1 Eßlöffel Zucker, 1 Päckchen Vanillezucker, 4 Eßlöffel Butter zum Backen, 500 g Heidelbeeren, Zucker und Zimt zum Bestreuen

Mehl, Eier, Milch, Salz, Zucker und Vanillezucker zu einem flüssigen Teig rühren.
Die Heidelbeeren verlesen, waschen und abtropfen lassen. In einer Pfanne 1 Eßlöffel Butter erhitzen. Ein Viertel des Teigs hineingeben und 125 g Heidelbeeren darauf verteilen. Den Pfannkuchen auf beiden Seiten goldgelb backen und warm stellen. Sobald die nächsten drei Pfannkuchen fertig gebacken sind, gemeinsam servieren.
Vor dem Anrichten mit einer Mischung von Zucker und Zimt überstreuen.

Heidelbeersuppe mit Mandelklößchen

Suppe: 375 g Heidelbeeren, 1 l Wasser, 2 Gewürznelken, 1 Stange Zimt (Kanehl), 60 g Zucker, 1 Eßlöffel Speisestärke
Klößchen: ⅛ l Milch, 1 Eßlöffel Butter, 20 g geriebene Mandeln, 50 g Mehl, 1 Teelöffel Zucker, 1 Eigelb

Die verlesenen und gewaschenen Heidelbeeren mit kaltem Wasser unter Beigabe von Nelken, Zimt und Zucker zum Kochen ansetzen. Nach

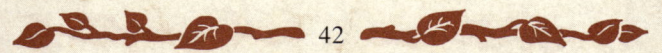

dem Aufkochen mit der in kaltem Wasser angerührten Speisestärke leicht andicken.
Für die Klößchen Milch und Butter aufkochen.
Mandeln und Mehl gleichzeitig hineinschütten.
Gut rühren, bis sich der abgebrannte Teig vom
Topf löst. Den Topf vom Herd nehmen und etwas
auskühlen lassen. Jetzt Zucker und Eigelb unterrühren. Mit einem in Wasser getauchten Teelöffel
schmale, längliche Klößchen abstechen und in
Zuckerwasser zwei bis drei Minuten kochen
lassen.
Aus der Suppe die Stange Zimt und die Nelken
herausfischen. Die Klößchen auf der Schaumkelle
abtropfen lassen, in die Suppe legen und so rasch
servieren, daß die Klößchen hell bleiben.

Heidelbeerkaltschale

*250 g frische Blaubeeren, 125 g Zucker, 1 Becher
süße Sahne, 1 Päckchen Vanillezucker (aus dem
Reformhaus), 1 l Milch*

Die frisch gepflückten Blaubeeren verlesen, abwaschen und abtropfen lassen. Einzuckern und
eine Stunde stehen lassen, damit der Saft aus den
Früchten zieht.
Sahne mit Vanillezucker steif schlagen. Heidelbeeren und Saft auf vier Teller verteilen und mit
gekühlter Milch übergießen. Auf jeden Teller eine
Sahnehaube setzen.

Heidelbeer-Savarin

Wenn Sie von und mit Heidelbeeren etwas ganz
Besonderes bereiten und so diese eher bescheidene
Frucht in kulinarische Höhen heben möchten,
dann entscheiden Sie sich für diesen Savarin.
Dabei handelt es sich um ein (besonders in Frank-
reich beliebtes) ringförmiges Hefegebäck. Wenn
Sie im Wörterbuch nachschlagen, finden Sie das
klangvolle Wort „Savarin" höchst prosaisch mit
„Napfkuchen" übersetzt. Nun, ein „ordinärer"
Napfkuchen ist ein Savarin wirklich nicht.
Probieren Sie das Rezept doch einmal aus!

*Hefeteig: 350 g Weizenmehl, 1 Päckchen Trockenhefe,
150 g Butter, 40 g Zucker, ½ Teelöffel Salz, abgeriebene Schale von ½ ungespritzten Zitrone, 4 Eier,
eventuell 2 – 3 Eßlöffel Milch, Fett zum Ausstreichen
der Form, Mehl zum Bestäuben*
*Sirup: ⅛ l Wasser, 80 g Zucker, 1 Gläschen Coin-
treau*
*Glasur: ³⁄₁₆ l Wasser, 2 Eßlöffel Zitronensaft,
100 g Aprikosenmarmelade, 60 g Zucker*
*Füllung: 250 – 300 g frische Heidelbeeren,
100 g Zucker*
*Garnitur: ⅛ l süße Sahne, Zucker, 1 Teelöffel
gehackte Pistazien*

Für den Teig das Mehl in eine Schüssel sieben und
mit der Hefe vermischen. Lauwarme zerlassene
Butter, Zucker, Salz, Zitronenschale und Eier
darübergeben.

Alles miteinander zu einem geschmeidigen Teig verkneten, der so lange bearbeitet wird, bis er nicht mehr am Boden der Schüssel klebt und Blasen zu bilden beginnt. Sollte der Teig zu fest sein, etwas handwarme Milch zufügen. Den Teig zu einem Kloß formen, in eine bemehlte Schüssel legen, mit einem Tuch bedecken und an einem warmen Ort (nicht über 40 °C!!) aufgehen lassen, bis sich sein Umfang verdoppelt hat.

Danach den Teig erneut durchkneten, in eine gefettete und bemehlte Savarinform (oder eine für den Frankfurter Kranz) füllen. Hier den Teig nochmals gehen lassen, bis sich sein Umfang verdoppelt hat. Auf der mittleren Schiebeleiste in dem auf 200 °C vorgeheizten Backofen des E-Herdes 35 Minuten backen (Heißluftherd 160 °C, Gasherd Stufe 4). Den fertigen Savarin noch 5 Minuten in der Form ruhen lassen und dann auf einen Gitterrost stürzen.

Für den Sirup Wasser mit Zucker aufkochen, mit Cointreau aromatisieren und noch heiß gleichmäßig über den gestürzten Savarin gießen.

Für die Glasur Wasser, Zitronensaft, Aprikosenmarmelade und Zucker aufkochen und etwas andicken lassen. Durch ein Haarsieb passieren und den noch warmen Savarin gleichmäßig damit dünn bestreichen. Auf eine Platte legen.

Jetzt sind endlich die Heidelbeeren an der Reihe. Die verlesenen, gewaschenen, gut abgetropften und eingezuckerten Heidelbeeren in die Mitte des Savarin-Kranzes füllen.

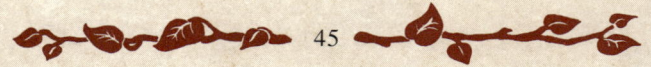

Die Sahne mit etwas Zucker sehr steif schlagen.
In einen Spritzbeutel füllen und Heidelbeeren und
Savarin damit verzieren. Zuletzt mit Pistazien über-
streuen und sofort servieren.

Sächsischer Heidelbeerkuchen

Diesen deftigen und saftigen Kuchen bäckt man heute wie schon seit Generationen besonders im Erzgebirge, wo die Heidelbeerflächen eine reiche Ernte bringen. Am besten schmeckt er ganz frisch, das heißt, er darf bei Verzehr ein ganz kleines bißchen warm sein. Dazu noch Schlagsahne zu reichen, grenzt an Völlerei, aber wer es mag, der kann den Kuchen damit noch gehaltvoller machen.

Teig: 500 g Weizenmehl, 50 g Hefe, ¼ l lauwarme Milch, 60 g Zucker, 1 Prise Salz, 1 Päckchen Vanillezucker, 200 g Butter, abgeriebene Schale von ½ ungespritzten Zitrone, Fett zum Ausreiben des Backblechs, Mehl zum Ausrollen
Belag: 150 g Butter, 5 Eßlöffel geriebener Zwieback, 1 kg Heidelbeeren, 100 g Zucker, 1 – 2 Teelöffel Zimt

Das Mehl in eine Schüssel geben, in die Mitte eine Vertiefung drücken und Hefe hineinbröckeln. Mit etwas lauwarmer Milch, wenig Zucker und Mehl zu einem dickflüssigen Vorteig rühren. Zugedeckt an einem warmen Ort (aber nicht über 40 °C!) 15 Minuten gehen lassen. Diesen Vorteig mit Mehl überstreuen. Den Rest an lauwarmer Milch, Zucker, Salz, Vanillezucker, weiche Butter in Flöckchen und Zitronenschale zugeben und alles kräftig verkneten, bis der Teig sich von der Schüssel löst und Blasen zeigt.
Das Backblech einfetten. Den Teig auf einer bemehlten Arbeitsplatte ausrollen. Das Backblech

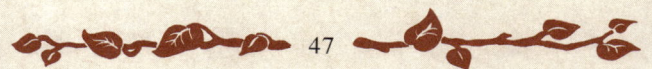
dünn damit auslegen und noch einmal 15 Minuten
aufgehen lassen. Den Teig an den Rändern hochdrücken. 50 g Butter schmelzen lassen und lau-
warm über die Teigplatte pinseln.
3 Eßlöffel Zwiebackbrösel gleichmäßig darüberstreuen. Die verlesenen, abgespülten und gut abgetropften Heidelbeeren darauf verteilen. Zucker und
Zimt mischen und über die Heidelbeeren streuen.
Die restliche Butter in Flöckchen obenauf verteilen. Zuletzt noch 2 Eßlöffel Zwiebackbrösel
darüberstreuen.
Auf der mittleren Schiebeleiste in dem auf 220 °C
vorgeheizten Backofen des E-Herdes etwa
30 Minuten backen (Heißluftherd 180 °C, Gasherd
Stufe 4).
Auf dem Blech abkühlen lassen.

Elsässer Heidelbeertorte

Wenn Sie im Sommer im Elsaß unterwegs sind,
werden Sie vielfach die lockende Ankündigung
lesen: „Tarte aux myrtilles". Wer nicht perfekt fran-
zösisch spricht, mag erst einige Mühe haben,
dieses geheimnisvolle Wort „myrtilles" zu deuten.
Was für eine Torte mag es sein? Nun, unsere west-
lichen Nachbarn haben den schlichten Heidelbeeren den so klangvollen Namen „myrtilles"
(sprich: mirtill) gegeben. Die Torte selbst, überall
frisch und duftend angeboten, lohnt die Einkehr.
Keine sommerliche Elsaßfahrt ohne die heimische

Heidelbeertorte, deren Rezept sogar auf Küchen-
schürzen appetitlich festgehalten ist. Aber: auch zu
Hause können Sie mit der „Tarte aux myrtilles"
großen Eindruck machen. Sie hat einen Mürbeteig-
boden.

*Teig: 250 g Weizenmehl, 1 Prise Salz, 50 g Zucker,
1 Eigelb, 125 g Butter, 5 Eßlöffel Wasser, Mehl zum
Ausrollen, 2 Eßlöffel Semmelmehl*
Belag: 500 g frische Heidelbeeren
*Guß: 2 Eier, 75 g Zucker, 1 Päckchen Vanillezucker,
1 Becher (150 g) süße Sahne, Puderzucker zum
Bestäuben*

Mehl in eine große Schüssel sieben. In die Mitte
eine Vertiefung drücken. Salz, Zucker, Eigelb,
in Würfel geschnittene Butter und Wasser hineingeben und alles schnell miteinander verkneten,
so daß ein fester, aber elastischer Teig entsteht.
Wenn nötig, noch wenig Wasser hinzufügen.
Den Teigkloß in Alufolie wickeln und mindestens
eine Stunde im Kühlschrank ruhen lassen.
Anschließend den festen Teig noch einmal durchkneten. Danach auf einer bemehlten Arbeitsfläche
rund ausrollen und eine Mürbeteigform von 30 cm
Durchmesser damit auslegen. Den Rand etwas
hochdrücken bzw. von Teigresten einen Rand
ansetzen. Die Oberfläche mit Semmelmehl überstreuen, damit der Heidelbeersaft so teilweise ange-
saugt werden kann. Den Teig mehrmals mit einer
Gabel anstechen.

Die Heidelbeeren verlesen, waschen und abtropfen lassen. Den Mürbeteig gleichmäßig mit den Früchten belegen und auf der mittleren Schiebeleiste des auf 200 °C vorgeheizten Backofens des E-Herdes 15 Minuten halbgar backen (Heißluftherd 160 °C, Gasherd Stufe 4).
In einer Schüssel mit dem Mixer Eier, Zucker und Vanillezucker schaumig schlagen. Sahne zufügen. Die Torte aus dem Ofen nehmen und diese Masse über die Heidelbeeren verteilen. Die Torte erneut in den Backofen schieben und in noch einmal 15 Minuten fertig backen.
Sofort aus der Form nehmen, auf einem Kuchengitter auskühlen lassen und mit Puderzucker überstäuben.

Krokanteis mit Heidelbeeren

*250 g frische Heidelbeeren, ca. 100 g Zucker,
1 Packung Krokanteis, 4 Gläschen Eierlikör*

Die Heidelbeeren verlesen, waschen, abtropfen lassen und nach Geschmack einzuckern. Eine Stunde stehen lassen, damit die Früchte Saft ziehen.
Das Eis zu Kugeln formen und in Gläser füllen. Über die Eiskugeln die Heidelbeeren geben und mit Eierlikör übergießen.

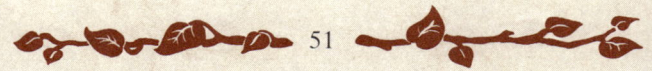

Vernachlässigte Preiselbeeren

Als Beilage zu Wildgerichten spielt die Preisel-
beere eine Hauptrolle. Aber es ist auch beinahe
die einzige Rolle, zu der sie kommt. Das ist
schade, denn die zwischen Juli und September
reifenden Beeren gehören zu den charaktervollsten
von Wald, Heide und Moor. Sie lassen sich auf
vielerlei Weise zubereiten und eignen sich sowohl
als Grundlage für herzhafte als auch für süße
Speisen. Überdies weiß die Volksmedizin ihre Vor-
züge bei Darm- oder Blasenbeschwerden zu
rühmen.
Es gibt die Preiselbeeren übrigens – je nach
Gegend – unter den verschiedensten Namen wie
Krons-, Moos- oder Kranbeeren, aber auch Fuchs-,
Riffel-, Stein- oder Krausbeeren und als Bernitsch-
ken und Grandeln. Besonders reichhaltig kommen
sie in Skandinavien vor, speziell in Schweden und
Finnland. Aber auch in den heimischen Wäldern
lohnt es sich, nach Preiselbeeren Ausschau zu
halten.

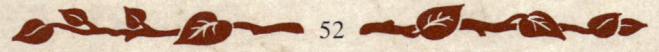

Biskuitpudding mit Preiselbeeren

So gut Preiselbeeren auch zu Wildgerichten passen
– die Krone des Genusses erreichen sie nach unserer Meinung beim Biskuitpudding. Das ist ein altes
Familienrezept, und Sie können es eigentlich nur
machen, wenn Sie selbst Preiselbeeren gesammelt
haben. Denn der lockere Biskuitteig des Puddings
schreit geradezu nach reichlich Preiselbeeren –
nicht nach den kleinen Gläschen, in denen sie ge-
wöhnlich (und teuer genug) im Laden angeboten
werden. Stürzen Sie sich also auf die nächste
Preiselbeeroase und pflücken Sie reichlich.

*6 Eiweiß, 100 g feiner Zucker, 6 Eigelb, 50 g Mehl,
50 g Stärkemehl, abgeriebene Schale von ½ Zitrone
(ungespritzt), 70 g zerlassene Butter, Semmel- oder
Zwiebackmehl für die Form, Fett zum Ausstreichen
der Form, 750–1000 g Preiselbeeren für Kompott*

Von den Eiweiß einen sehr festen Schnee schlagen
und allmählich den Zucker, die zerquirlten Eigelb,
das Mehl, Stärkemehl, die abgeriebene Zitronenschale und (nicht zu warme) zerlassene Butter
unterziehen. Diese Masse in eine gefettete, mit
Semmel- oder Zwiebackmehl ausgestreute Form
füllen, mit einem Deckel abschließen und im
Wasserbad 45 Minuten kochen. Den fertigen Pudding 5–7 Minuten stehen lassen, dann aus der
Form stürzen und mit viel Preiselbeerkompott
genießen. Rezept dazu Seite 53.

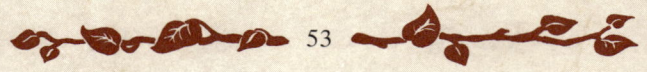
Preiselbeerkompott

500 g Preiselbeeren, 250 g Zucker

Die reifen roten Früchte verlesen, kalt abspülen und abtropfen lassen. Mit so wenig Wasser, daß der Topfboden eben bedeckt ist, aufkochen. Dabei darauf achten, daß beim Platzen der Beerenhäutchen der Kochvorgang beendet wird, sonst wird der bittere Beigeschmack der Beeren stärker. Den Zucker hinzufügen, noch einmal kurz aufkochen lassen und in Einmachgläser füllen, die gut verschlossen werden. Bei 80 °C im Einkochtopf sterilisieren, wodurch die Beeren ihr volles Aroma behalten.

Eine zusätzliche Geschmacksnuance läßt sich erreichen, wenn beim ersten Kochen 50 g gewürfeltes Zitronat oder Orangeat zugesetzt werden. Preiselbeerkompott ist sehr vielseitig zu verwenden: als Beilage zu Wild, Rindfleisch, Geflügel, Fleischpasteten, Eierkuchen sowie zu vielen Desserts und Eis. Besonders lecker schmeckt es, wenn Hälften von Äpfeln, Birnen, Pfirsichen, Aprikosen damit gefüllt werden. Lesen Sie auch das Rezept vom Biskuitpudding (Seite 52) nach.

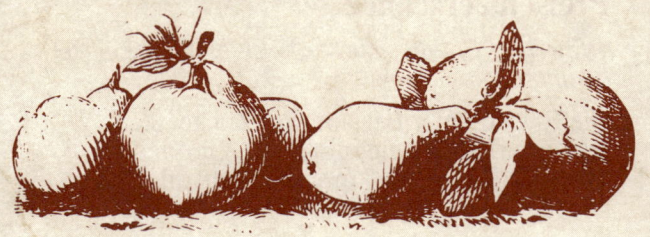

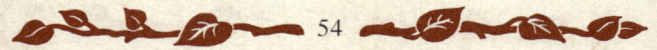

Preiselbeermayonnaise

*250 g Mayonnaise, 250 g dickes Preiselbeerkompott
oder -marmelade, einige Spritzer Weinbrand,
$\frac{1}{8}$ l Schlagsahne*

Die Mayonnaise mit den Preiselbeeren und – indi-
viduell – mit Weinbrand verrühren; abschmecken.
Die Sahne steif schlagen und vorsichtig darunter-
heben. Im Kühlschrank aufbewahren.
Das ist eine pikante Beilage zu Wild, kaltem Braten
oder harten Eiern.

Preiselbeer-Meerrettich

Eine rasch zubereitete Beilage zu Räucherfisch,
insbesondere zu geräucherten Forellenfilets.
Meerrettich reiben oder mit dem Mixquirl zerkleinern und – nach Geschmack – mit dicklichem
Preiselbeerkompott vermengen. Schärfer oder
weniger scharf abschmecken!

Preiselbeerschnee

*4 Eiweiß, 1 Eßlöffel Zucker, 5 Eßlöffel Preiselbeer-
kompott*

Die Eiweiß unter Beigabe von Zucker steif
schlagen. Unter weiterem Schlagen mit dem
Mixquirl Preiselbeerkompott (nicht zu dünn)

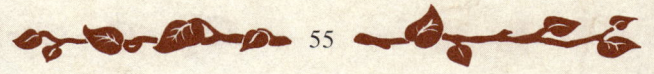
hinzugeben und gut vermischen. Sofort servieren.
Das ist nicht nur ein ausgezeichnetes Dessert, zu
dem kleine Makrönchen gereicht werden, sondern
schmeckt auch gut als Beilage (statt Schlagsahne)
zu Sandkuchen, Gugelhupf oder ähnlichem.
Auch Eis kann damit noch angereichert werden.

Preiselbeercreme

250 g Preiselbeerkompott, 250 g Apfelmus,
250 g Speisequark, 1 Becher Joghurt, Saft von
2 Zitronen, 1 Glas Calvados, 2 Eiweiß, 125 g Puder-
zucker, 6 Blatt rote Gelatine, 1 Eßlöffel gehackte
Pistazien

Das Preiselbeerkompott mit Apfelmus, Quark,
Joghurt, Zitronensaft und Calvados (dies nur,
wenn Kinder nicht mitessen!) mischen. Die Eiweiß
steif schlagen, nach und nach den gesiebten Puderzucker unterrühren, bis der Eischnee sehr fest ist.
Einen Eßlöffel Schnee als Garnitur aufheben.
Gelatine etwa 10 Minuten in kaltem Wasser einweichen, ausdrücken und mit wenig Wasser so
lange erwärmen, bis sie sich auflöst. Abkühlen
lassen und mit dem Eiweiß locker unter die Obst-/
Quarkmasse heben. In einer Schale im Kühlschrank stocken lassen. Vor dem Servieren mit
dem restlichen Eiweiß Tupfer auf die Creme
setzen und leicht mit Pistazien überstreuen.

Amerikanische Preiselbeersauce

125 g reife Preiselbeeren, 1 Glas Rotwein, Saft und abgeriebene Schale von 1 ungespritzten Zitrone, 1 Prise gemahlener Zimt, 1 Prise gemahlene Nelken, 50–100 g Zucker, 1 Eßlöffel Butter, 1 Eßlöffel Mehl, ⅛ l süße Sahne

Die Preiselbeeren verlesen, kalt abspülen und abtropfen lassen. Zusammen mit Wein, Zitronensaft, Zitronenschale, Gewürzen und Zucker (nach Geschmack) so lange kochen, bis die Häutchen der Preiselbeeren platzen. Die Masse durch ein feines Sieb streichen.
Butter im Topf schmelzen lassen und mit Mehl eine helle Schwitze rühren. Mit Sahne ablöschen und zuletzt den Preiselbeersaft unterziehen.
Die Amerikaner essen diese fruchtige Sauce mit Vorliebe zu gebratenem Puter (wir übrigens auch …!).

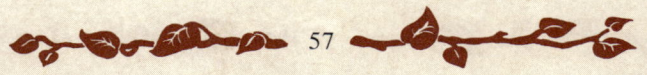

Preiselbeerfüllung für Apfelsinen

*2 mittelgroße Apfelsinen, 250 g vollreife Preisel-
beeren, 5 Eßlöffel Wasser, 100 g Zucker, 6 Blatt
rote Gelatine*

Die Apfelsinen in der Schale waschen, halbieren
und vorsichtig den Saft auspressen. Danach mit
einem Löffel behutsam das Fruchtfleisch heraus-
lösen, damit die Apfelsinenschale nicht verletzt
wird.
Preiselbeeren verlesen, kalt abspülen, abtropfen
lassen und durch ein Sieb streichen. Aus Wasser
und Zucker einen Sirup kochen. Wenn er anfängt,
dick zu werden, den Apfelsinensaft und die
passierten Preiselbeeren hinzufügen und gemeinsam im geschlossenen Topf etwa 5 Minuten
kochen.
Den Topf vom Herd nehmen und die in kaltem
Wasser eingeweichte und gut ausgedrückte Gelatine zufügen. So lange rühren, bis sie sich aufgelöst
hat, und kühl stellen. Wenn diese Masse zu gelieren beginnt, die ausgehöhlten Apfelsinenhälften
damit füllen, die Oberfläche glatt streichen und im
Kühlschrank erstarren lassen.
Mit einem in heißes Wasser getauchten Messer
jede Hälfte in vier Teile schneiden und diese
Schiffchen als appetitliche Garnierung für kaltes
Fleisch, kalten Fisch oder für Pasteten verwenden.

Süße Preiselbeerplätzchen

150 g Weizenmehl, 150 g Butter, 30 g Zucker, 2 Eier,
1 Eßlöffel Weißwein, Mehl zum Ausrollen,
125 g Puderzucker, 1 Eßlöffel Zitronensaft,
125 g gehackte Mandeln, Preiselbeerkompott, Back-
papier oder Fett zum Ausreiben des Backblechs

Das Mehl in eine Schüssel sieben, die Butter in
Flöckchen, den Zucker, ein Eigelb und den Weißwein darüber verteilen. Alles gut miteinander verkneten, den Teigkloß in Alufolie wickeln und eine
Stunde im Kühlschrank ruhen lassen.
Auf einer bemehlten Arbeitsplatte den Teig etwa
3 mm dick ausrollen und kleine runde Plätzchen
ausstechen. Auf ein vorbereitetes Backblech setzen
und mit einem verquirlten Ei überstreichen.
Ein Eiweiß steif schlagen. Nach und nach den
gesiebten Puderzucker, den Zitronensaft und die
gehackten Mandeln zugeben. Je einen Teelöffel
dieser Mandelmasse auf die Plätzchen setzen. Mit
einem Kochlöffel in der Mitte eine Vertiefung in
diese Masse drücken und einen Tupfer Preiselbeerkompott hineingeben.
Den Backofen des E-Herdes auf 160 °C vorheizen
(Heißluftherd auf 130 °C, Gasherd Stufe 3) und auf
der zweiten Schiebeleiste von oben mehr trocknen
als backen. Die Plätzchen sind nach 15–20 Minuten gut und werden vorsichtig auf einen Gitterrost
zum Auskühlen gesetzt.

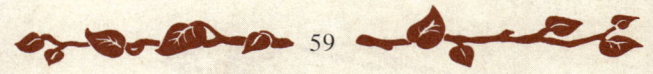

Brombeeren in Hülle und Fülle

Brombeeren finden Sie beinahe an jedem Wald-
rand, in vielen Hecken und an Feldern. Allerdings
kann es Ihnen passieren, daß sich die Sträucher
gegen das Pflücken wehren, indem sie mit ihren
Dornen die Ernte erschweren. Es lohnt sich, mit
Geduld die völlige Reife abzuwarten, denn die
noch nicht ganz schwarzen Beeren sind hart und
sauer und lassen nicht ahnen, wie saftig und
aromatisch eine Handvoll ausgereifter Brombeeren
schmecken kann. So werden Sie auch bei den
Rezepten mehrfach den Hinweis auf „reife" Brombeeren finden, damit das Brombeeraroma wirklich
voll zur Geltung kommen kann.

Brombeer-Kompott

*500 g reife Brombeeren, $\frac{1}{8}$ l Wasser, 200 g Zucker,
1 Päckchen Vanillezucker, 1–2 Eßlöffel Zwetschenmus*

Nur wirklich ganz reife Brombeeren ergeben ein
aromatisches Kompott. Die Brombeeren verlesen,
kalt abwaschen und abtropfen lassen.

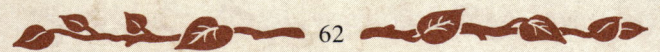

Wasser mit Zucker mischen, mit den Brombeeren zusammen aufkochen und nach Geschmack etwas Zwetschenmus hineingeben, das den herben Brombeergeschmack verfeinert.
Das Kompott kalt als Dessert oder als Beilage zu Pudding oder Brei servieren.

Birchermüesli
mit Brombeeren und Haselnüssen

1 Eßlöffel kernige Haferflocken, 3 Eßlöffel kaltes Wasser, 1 Eßlöffel Joghurt, 1 Teelöffel Zitronensaft, 1– 2 Eßlöffel Honig, 150 g reife Brombeeren, 1 Eßlöffel geriebene Haselnüsse

Die Haferflocken mit kaltem Wasser verrühren und zugedeckt über Nacht (12 Stunden) weichen lassen. (Wer Schmelz-Haferflocken vorzieht, kann nach dem Anrühren mit Wasser auf das Ziehen verzichten und sofort sein Müsli verspeisen.)
Die Haferflocken (kernige oder Schmelzflocken) mit Joghurt, Zitronensaft und Honig zu einer breiigen Masse verrühren. Die wilden Brombeeren verlesen, in kaltem Wasser abspülen, abtropfen lassen und hinzugeben. Zuletzt das Müesli mit geriebenen Haselnüssen überstreuen.

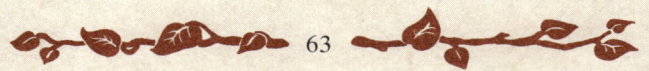

Brombeersauce

500 g Brombeeren, 200 g Honig, ⅛ l Rotwein,
½ ungespritzte Orange, 1 Teelöffel Zitronensaft

Die Brombeeren nach dem Pflücken verlesen, kalt
abspülen und abtropfen lassen.
Den Honig in einen Topf geben und aufkochen.
Den Rotwein hinzugießen und so lange köcheln
lassen, bis sich der Honig ganz aufgelöst hat. Dann
zwei Drittel der Brombeeren hinzugeben und in
der Honigflüssigkeit garen. Durch ein Sieb passieren. Den Rest der Brombeeren hinzugeben und
das Püree mit ihnen zusammen aufkochen lassen.
Die Orange waschen, die Schale dünn abschälen
und in feine Stückchen schneiden. Die Schale in
ein Teesieb geben, mit kochendem Wasser überbrühen, abtropfen lassen und zusammen mit dem
Zitronensaft unter die Sauce rühren. Bis zum Servieren kühl stellen.
Diese Sauce paßt hervorragend zu Eis, insbesondere Vanille-Eis, zu Cremespeisen, zu Grieß-
flammeri oder allen Quarkspeisen. Sie läßt sich
auch zu kaltem Fleisch oder Wildbraten probieren.

Quarkschaum mit Brombeeren

*200 g gut gereifte Brombeeren, 2 Eßlöffel Zucker,
3 Eier, 3 Eßlöffel Zucker, 1 Päckchen Vanillezucker,
300 g Speisequark, 50 g Mandelsplitter*

Die frisch gepflückten Brombeeren verlesen und
unter fließendem Wasser abspülen. Abtropfen
lassen und – je nach Säuregehalt der Früchte – einzuckern.
Die Eier in Eigelb und Eiweiß trennen. Die Eigelb
mit Zucker schaumig rühren. Den Quark zugeben.
Die Eiweiß mit dem Vanillezucker steif schlagen.
Den Eischnee unter die Quarkmasse heben und
zuletzt die gezuckerten Brombeeren darunter verteilen.
Die gesplitterten Mandeln ohne Fettbeigabe in der
Pfanne anrösten und vor dem Servieren über den
Quarkschaum streuen.

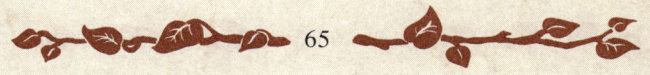
Brombeerauflauf

1 kg ganz reife Brombeeren, 1 Eßlöffel Stärkemehl,
⅛ l Milch, ca. 250 g Puderzucker, 5 Eier, 1 Päckchen
Vanillezucker, 2 Eßlöffel Fett zum Ausreiben der
Auflaufform, 1 Eßlöffel Zucker zum Ausstreuen der
Auflaufform, ⅛ l süße Sahne, 1 Teelöffel Zucker

Die Brombeeren verlesen, kalt waschen, abtropfen
lassen und einige schöne Beeren zum Garnieren
zurückbehalten. Den Rest der Brombeeren durch
ein Sieb streichen. Stärkemehl, Milch, gesiebten
Puderzucker und die Eigelb in einem Topf im
Wasserbad bis zum Kochen dickschaumig
schlagen. Den Topf vom Herd nehmen und diese
Masse mit dem Brombeerpüree unter ständigem
Rühren mischen. Die Eiweiß mit Vanillezucker
sehr steif schlagen und gleichfalls vorsichtig unterheben.
Eine feuerfeste Form gut ausfetten und gleichmäßig mit Zucker bestreuen. Die Brombeermasse
hineinfüllen. Auf der mittleren Schiebeleiste in
dem auf 180 °C vorgeheizten Backofen des
E-Herdes 25–30 Minuten backen (Heißluftherd
140 °C, Gasherd Stufe 3).
Die Sahne mit Zucker sehr steif schlagen, in einen
Spritzbeutel füllen und den fertig gebackenen
Auflauf damit überspritzen. Mit den aufgehobenen
Brombeeren zierlich garnieren.

Brombeerkuchen

*Teig: 275 g Weizenmehl, 1 Teelöffel Backpulver,
100 g Butter, 100 g Zucker, 1 Päckchen Vanillezucker,
½ Teelöffel Zimt, 2 Eier, Mehl zum Ausrollen, Fett
zum Ausreiben einer Springform (24 cm Durchmesser)
Belag: 100 g gemahlene Mandeln, 500 g reife Brombeeren, 4 Eßlöffel Zucker*

Mehl und Backpulver in eine Schüssel geben und
vermischen; die Butter darüberflocken, mit
Zucker, Vanillezucker sowie Zimt überstreuen und
die Eier dazugeben. Alles mit dem Knethaken des
Rührgeräts zu einem festen Teig verarbeiten und
mindestens 30 Minuten zugedeckt im Kühlschrank
ruhen lassen.
Auf einer bemehlten Arbeitsplatte die Hälfte des
Teigs ausrollen und den Boden der gefetteten
Springform damit auslegen. Die Hälfte des restlichen Teigs zu einem 3 cm breiten Streifen
formen, den Rand der Springform damit auslegen
und fest andrücken.
Den Teigboden mit Mandeln überstreuen, die
gewaschenen und gut abgetropften Brombeeren
darauf verteilen und zuckern. Den Teigrest ausrollen. Teigstreifen ausrädeln, den Kuchen mit
einem Teiggitter bedecken und dieses an den
Rändern festdrücken. Auf der mittleren Schiebeleiste in dem auf 200 °C vorgeheizten Backofen des
E-Herdes etwa 45 Minuten backen (Heißluftherd
160 °C, Gasherd Stufe 4).

Den fertigen Kuchen vorsichtig aus der Springform
lösen und auf einem Gitterrost abkühlen lassen.

Sie heißen auch Hollerbeeren

Wer so leichtsinnig ist und von den lockenden
Dolden des Holunderstrauchs ein paar Beeren
pflückt, um sie roh zu probieren, der wird bestürzt
das Gesicht verziehen. Sie schmecken miserabel
und bekommen durchaus nicht. Erst wenn sie
gekocht und entsaftet ist, entfaltet die Holunder-
beere ihren Wohlgeschmack. Wer rechtzeitig vor-
gesorgt und Holunderbeersaft eingekocht hat,
der wird gern danach greifen, wenn ein Familien-
mitglied sich erkältet hat. Der heiße Saft hilft
schwitzen und durch den hohen Gehalt an Vitamin C eine Erkältung zu vertreiben. Nur: rechtzeitig anwenden müssen Sie das alte Hausmittel
und nicht erst warten, bis die Nase tropft. Aber
davon abgesehen – gerade im Sommer hat eine
Kaltschale von Holunder viel für sich.

Holunderbeersaft

Um von Holunderbeeren Saft zu bereiten, gibt es
mehrere Möglichkeiten. Wer einen Dampfentsafter
besitzt, hat es am einfachsten. Die Beeren durchsehen, gut mit kaltem Wasser abspülen und mit

einer Gabel von den Rispen streifen. Die Ernte in den Fruchtkorb des Entsafters füllen. Der Geschmack wird durch Beigabe einiger geschälter, kleingeschnittener Äpfel (ohne Kerngehäuse) noch verbessert. Die Beeren ohne Zucker entsaften und sofort in gut gereinigte Flaschen füllen, die fest verschlossen werden müssen.

Wer keinen Dampfentsafter hat, kocht die knapp mit Wasser bedeckten Beeren auf, die 5 Minuten kochen sollen, und läßt sie durch ein Tuch mehrere Stunden abtropfen.

Dieser Saft eignet sich zur Herstellung von Gelees, von Suppen und Kaltschalen, von Punsch, Grog und sonstigen Getränken. Darüber hinaus stellt er heiß ein beliebtes Hausmittel bei Erkältungskrankheiten dar (siehe dazu auch die Einführung Seite 69).

Holunderbeersuppe mit Grießklößchen

Suppe: 500 g ganz reife Holunderbeeren, 1 l Wasser, 2 aromatische Äpfel, 1 Stange Zimt (Kanehl), Saft von ½ Zitrone, 100 g Zucker, 1 Teelöffel Butter, 3 Zwiebäcke
Klößchen: ¼ l Milch, 1 Prise Salz, 1 Teelöffel Zucker (eventuell Vanillezucker), 2 Eßlöffel Butter, 100 g Grieß, 2 Eier

Die Holunderbeeren kalt abspülen, abtropfen lassen, mit einer Gabel von den Stielen streifen.

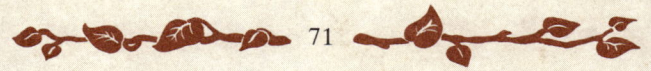

Die Äpfel in Spalten schneiden. Holunderbeeren und Äpfel ins Wasser geben und zusammen mit dem Zimt 5 Minuten kochen. Durch ein Sieb rühren. Die Flüssigkeit unter Beigabe von Zitronensaft, Zucker, Butter und den geriebenen Zwiebäcken noch einmal aufkochen lassen.
Für die Grießklöße Milch mit Salz, Zucker und Butter aufkochen. Den Grieß auf einmal hinein-schütten und gut umrühren, bis sich der Teig vom Topfboden löst. Den Topf vom Herd nehmen und etwas abkühlen lassen. Dann zuerst ein Ei unter-rühren und dann das zweite hinzufügen.
Von dieser Masse mit einem in Wasser getauchten Löffel Klößchen abstechen und in die kochende Flüssigkeit geben. Die Klößchen jetzt 5 Minuten ziehen, nicht kochen lassen. Die Suppe heiß ser-vieren.

Holunderbeerkaltschale mit Schwänchen

Kaltschale: 500 g ganz reife Holunderbeeren, 1 Stange Zimt (Kanehl), 1 Stück Zitronenschale (ungespritzt), 1 l Wasser, 2 aromatische Äpfel, 100 g Zucker, 50 g Speisestärke
Für die Schwänchen: 2 Eiweiß, 1 Päckchen Vanillezucker (Reformhaus), 2 Eßlöffel gehackte Pistazien

Die frisch gepflückten Holunderbeeren kalt abspülen, abtropfen lassen und von den Stielen streifen. Die Beeren in Wasser unter Beigabe von Zimt und Zitronenschale weich kochen und durch ein feines Sieb streichen. Die Äpfel schälen, das Kernhaus herausschneiden und die Früchte in dünne Spalten teilen. Zusammen mit dem Zucker in den Holundersaft geben und darin garen. Zuletzt die Suppe mit der in etwas kaltem Wasser angerührten Speisestärke binden und danach kühl stellen.
Für die Schwänchen die beiden Eiweiß steif schlagen, dabei den Vanillezucker zugeben. Das Eiweiß muß schnittfest werden. Mit einem Teelöffel Klößchen (Schwänchen) abstechen und in einem Topf mit beinahe kochendem Wasser 5 Minuten lang fest werden lassen.
Die abgekühlte Holunderkaltschale auf Teller verteilen und die abgetropften Schwänchen darauf setzen. Zuletzt die Schwänchen mit gehackten Pistazien bestreuen und sofort servieren.

Schweizer Mus

1 Eßlöffel Butter, 1 Eßlöffel Mehl, ¼ l Milch,
750 g Holunderbeeren, 100 g Zucker, 1 Päckchen
Vanillezucker, Zucker und Zimt

Die Butter in einem Topf zerlassen, das Mehl
hineingeben und goldgelb schwitzen. Nun die
Milch hinzugießen und gut verrühren. Jetzt erst
die ausgelesenen, von den Dolden gestreiften,
abgespülten und abgetropften Holunderbeeren
sowie den Zucker hinzugeben. Alles zusammen
zu einem dicken Mus einkochen.
Es wird gern zu Nudeln gegessen und durch
Bestreuen mit Zucker und Zimt geschmacklich
noch reizvoller.

Holunderbeerpunsch

¼ l Holunderbeersaft, 150 g brauner Kandis,
6 Gewürznelken, Schale von 1 ungespritzten Zitrone,
1 Flasche Rotwein, Saft von ½ Zitrone, 1 Likörglas
Rum

Den Holunderbeersaft mit Kandis, Nelken und
Zitronenschale aufkochen und so lange rühren,
bis sich der Kandiszucker aufgelöst hat. Durch
ein Haarsieb gießen.
Diesen Saft mit Rotwein, Zitronensaft und Rum
nochmals erhitzen, aber nicht mehr kochen lassen.
In Punschgläser füllen und heiß servieren.

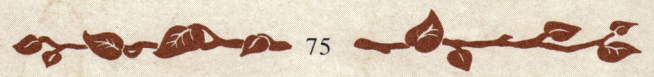

Gebackene Holunderblüten

Backteig: 125 g Mehl, 1 Ei, 1 Prise Salz, 1 Teelöffel
Zucker, 75 g Speiseöl, ¼ l helles Bier, ¼ Teelöffel
Hefe, 2 Eiweiß, ½ Päckchen Vanillezucker
Außerdem: Dolden von Holunderblüten nach
Bedarf, Puderzucker, Kirschwasser, Öl zum Aus-
backen in der Friteuse, Zucker zum Überstreuen

Aus Mehl, Ei, Salz, Zucker, Öl, Bier und Hefe
einen weichen Teig rühren. Zudecken und mindestens eine Stunde an einem warmen Ort zum
Gären stellen. Kurz vor dem Ausbacken die
Eiweiß unter Beigabe von Vanillezucker steif
schlagen und unter den Teig ziehen.
Die Holunderdolden durchsehen, kalt überspülen,
abtropfen lassen und zunächst mit Puderzucker
bestäuben, danach mit Kirschwasser beträufeln.
20 Minuten ziehen lassen. Dann jede Dolde durch
den Backteig ziehen und in dem in der Friteuse
erhitzten Öl goldgelb backen. Auf Küchenkrepp
abtropfen lassen, mit Zucker überstreuen und heiß
servieren.
Das ist ebenso als Dessert wie als leichtes Kaffee-
gebäck geeignet und eine kleine Delikatesse.

Mit Hagebutten kochen und backen

Die Vorbereitungen zur Verwendung von Hagebutten erfordern ein wenig Geschick und Geduld.
Das sollte Sie als Kenner jedoch nicht ab-
schrecken.
So nehmen Sie also ein scharfes Küchenmesser
zur Hand und entfernen zunächst Stielansätze
sowie Blütenreste. Dann schneiden Sie die Früchte
der Länge nach auf, um die von Härchen umge-
benen Kerne herauszukratzen. Empfehlenswert ist
dabei das Tragen von Gummihandschuhen, weil
die Härchen sich gern auf die Haut setzen und
einen starken Juckreiz hervorrufen können.
Davor schützt jedoch auch das Einreiben der
Hände mit Öl!

Nun zu den Rezepten.

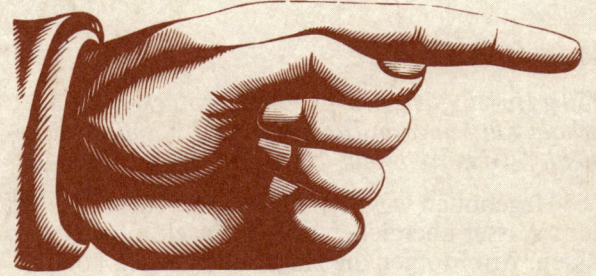

Hagebuttenmarmelade

*2 kg Hagebutten, 1 kg Gelierzucker, abgeriebene
Schale von 1 ungespritzten Zitrone*

Die Hagebutten waschen und abtropfen lassen;
dann weiter verfahren wie oben beschrieben.
Die nunmehr ausgekratzten Hagebutten abspülen,
in einen Topf geben und, knapp mit Wasser
bedeckt, 20 Minuten kochen lassen. Danach mit
dem Mixer pürieren. Den entstandenen Brei
abkühlen lassen. Jeweils 1 kg Früchtemus mit 1 kg
Gelierzucker und abgeriebener Zitronenschale vermischen und unter gelegentlichem Umrühren zum
Kochen bringen. Etwa 4 Minuten kochen lassen.
Die dann fertige Marmelade in vorbereitete, mit
hochprozentigem Alkohol ausgespülte Gläser
füllen und gut verschließen.
Eine Geschmacksvariante ergibt sich durch
Zusetzen von ⅛ l Rot- oder Weißwein an das
Fruchtmus.

Hagebuttensauce

*250 g Hagebutten, 1 l Wasser, 125 g Zucker, 1 Stück
Schale von 1 ungespritzten Zitrone, 1 Eßlöffel Stärkemehl, ½ Glas Weißwein*

Die Hagebutten waschen und abtropfen lassen. Mit
dem Wasser übergießen und die Nacht über stehen
lassen. Am Morgen die Hagebutten weich kochen

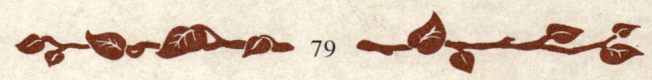

und durch ein Haarsieb streichen. Diese Sauce noch einmal mit Zucker und Zitronensaft auf- kochen. Stärkemehl mit Weißwein anrühren und die Sauce damit sämig kochen.
Die warme Sauce schmeckt hervorragend zu hellem Pudding, mit dem sie farblich gut kontra- stiert.

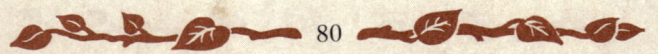

Hagebuttenmakronen

*2 Eiweiß, 165 g Puderzucker, 1 Eßlöffel Zitronensaft,
165 g geriebene Mandeln, 2 Eßlöffel Marmelade von
Hagebutten, Backoblaten von 4 cm ⌀, Backpapier
oder Fett zum Einreiben des Backblechs*

Die beiden Eiweiß schlagen. Nach und nach den
gesiebten Puderzucker und den Zitronensaft zugeben, bis der Schnee sehr steif geworden ist.
2 Eßlöffel Eischnee abnehmen, in einen Spritzbeutel füllen und beiseite lassen.
Unter den anderen Eischnee vorsichtig (am
besten mit dem Schneebesen) geriebene Mandeln
und Hagebuttenmarmelade heben. Backoblaten
auf das vorbereitete Backblech verteilen und auf
die Oblaten mit einem Teelöffel kleine Häufchen
der Mandel-Hagebuttenmasse setzen. Mit dem
Stiel eines Kochlöffels in die Mitte der Masse eine
Vertiefung drücken und mit dem Spritzbeutel
Tupfer von Eischnee als Glasur hineinsetzen.
Den Backofen des E-Herdes auf 180 °C vorheizen
(Heißluftherd 140 °C, Gasherd Stufe 3). Auf der
zweiten Schiebeleiste von oben in 10 Minuten hellgelb backen.

Hagebuttentee

Dieser leicht zu bereitende Tee schmeckt nicht nur
gut, sondern hat auch eine hervorragende Heil-

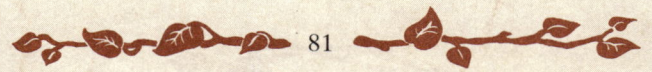

oder Vorbeugungswirkung bei Frühjahrsmüdigkeit,
bei Gicht und bei Nierengrieß oder Nierensteinen.
Zugleich unterstützt er die körpereigene Abwehr
bei Erkältungen.
Rechnen Sie je Tasse (täglich 3–4) 4–5 Hagebutten
und übergießen Sie diese mit kochendem Wasser.
Der Tee kann auch von Kernen der Hagebutten
zubereitet werden. In diesem Fall kommen 3 Eßlöffel Kerne auf 1½ l Wasser. Die Kerne werden
über Nacht in Wasser eingeweicht. Am nächsten
Tag so lange kochen, bis der Tee sich rot färbt.
Zuletzt durch ein Sieb abgießen und mit oder ohne
Zucker trinken.

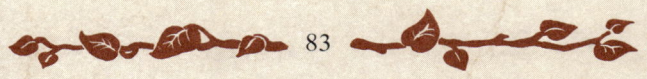

Haselnüsse aufbewahren

Damit Ihre selbstgepflückten Haselnüsse sich
länger halten, schälen Sie die Nüsse aus ihrer
Umhüllung und legen sie auf einem Blech in den
200 °C heißen (Heißluftherd 160 °C, Gasherd
Stufe 4) Backofen des E-Herdes. Dabei platzen die
Schalen und lassen sich mühelos entfernen. (Das
ist einfacher, als jede einzeln zu knacken!) Vor
dem Ranzigwerden bewahren Sie die Nußkerne,
indem Sie sie in einem luftdurchlässigen Beutel-
chen in einem kühlen Raum aufhängen. Vor dem
späteren Gebrauch in der heißen Pfanne ohne Fett-
zugabe leicht anrösten. Falls die braunen Häutchen
(insbesondere beim Garnieren) stören, lassen sich
diese beim Rösten auf dem Backblech im Backofen (180 °C, Heißluftherd 140 °C, Gasherd Stufe 3)
so trocknen, daß sie leicht abzureiben sind.

Haselnußremoulade

*250 g Mayonnaise, Saft von 1 Orange, 2 Eßlöffel
Mango-Chutney, 1 kleine Gewürzgurke, 4 Silber-
zwiebelchen, 50 g blättrig geschnittene Haselnüsse*

Die Mayonnaise mit Orangensaft, dem feinge-
schnittenen Mango-Chutney, der in kleine Würfel-
chen zerteilten Gurke und den ganzen oder gevier-

telten Silberzwiebeln vermischen. Als letztes die
Haselnüsse unterheben und die Remoulade zugedeckt mindestens eine Stunde ziehen lassen.
Diese originelle Remoulade schmeckt ausgezeich-
net zu allen kalten und warmen Fleischspeisen und
zu Fisch.

Haselnuß-Frappé

150 g Haselnußkerne, 1½ l Milch, 100 g Zucker,
4 Kugeln Vanille–Eis

Die Haselnußkerne im Backofen leicht rösten und
mit einem Tuch abreiben (siehe auch die Rat-
schläge auf Seite 83). Die Haselnüsse in einer
Mandelmühle fein mahlen. Mit Milch und Zucker
vermischen und über Nacht im Kühlschrank
ziehen lassen.
Dann die Nußmilch durch ein Haarsieb gießen.
Je eine Kugel Vanille-Eis in passende Gläser geben
und die Nußmilch darübergießen.

Haselnuß-Blätterteigtaschen

1 Paket tiefgekühlter Blätterteig (300 g)
Füllung: 100 g Haselnußkerne, ¼ l Milch, ¼ l Sahne,
1 Paket Vanillepuddingpulver, 4 Eßlöffel Zucker,
1 Prise Salz, 1 Ei

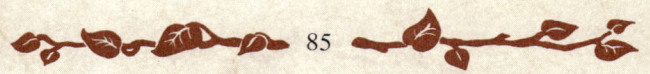

Den Blätterteig allmählich auftauen lassen.
Die Haselnüsse im Backofen leicht anrösten und
mit einem Tuch abreiben (siehe Seite 83).
Anschließend die Haselnußkerne durch die
Mandelmühle treiben.
Milch und Sahne in einen Topf gießen. Davon
4 Eßlöffel abnehmen zum Anrühren des Pudding-
pulvers. Die andere Milch mit Zucker und Salz
zum Kochen bringen. Das Puddingpulver hinein-
rühren und noch einmal aufkochen lassen. Den
Topf vom Herd nehmen und die gemahlenen
Haselnüsse untermengen. Beim Abkühlen mehrfach umrühren.
Den aufgetauten Blätterteig ½ cm dick ausrollen
und zu Quadraten von 10 x 10 cm schneiden.
Auf eine Hälfte der Quadrate ein Häufchen der
Puddingmasse setzen. Die Ränder mit kaltem
Wasser bepinseln, die nicht belegte Teighälfte
schräg überklappen und die Ränder fest zu-
sammendrücken, dann mit einem scharfen Messer
einkerben.
Die Taschen auf ein mit kaltem Wasser bespreng-
tes Backblech legen und mit verquirltem Ei bestreichen. Auf der zweiten Schiebeleiste von oben
in dem auf 200 °C vorgeheizten Backofen des
E-Herdes 20 Minuten goldgelb backen (Heißluftherd 160 °C, Gasherd Stufe 4).
Vorsichtig vom Blech nehmen und auf einem
Gitterrost abkühlen lassen. Ganz frisch verzehren!

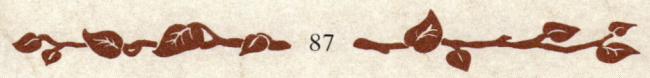

Im Urlaub Maronen sammeln

Machen Sie's wie wir: da bei uns leider die Eßkastanienbäume fehlen, benutzen wir unseren Urlaub in südlichen Breiten etwa der Provence oder Italiens, um dort nach den begehrten Maronen Ausschau zu halten. Oft liegen die schönen Früchte unbeachtet auf der Straße oder am Wegrand. Es lohnt sich allemal, anzuhalten und sie zu sammeln, denn nach dem Urlaub gibt es zu Hause eine wahre Maronen-Orgie. Falls Sie aber keine Maronen vom Baum finden, lohnt auch der Einkauf auf einem südlichen Markt, denn dort sind die Früchte garantiert frisch. Vormerken für den nächsten Urlaub!

Maronen schälen – ganz einfach

Auch wenn es in guten Geschäften die Maronen (oder Eßkastanien) bereits geschält gibt, schmecken sie besser, wenn sie erst vor der Zubereitung ihre braune Schale und das Fruchthäutchen verlieren. Dafür gibt es zwei Methoden. Die Maronen waschen und mit einem scharfen Messer (Vorsicht, damit Sie sich nicht schneiden!)

kreuzweise einschneiden. Noch feucht auf ein
Backblech setzen und auf der mittleren Schiebeleiste in dem auf 225 °C vorgeheizten Backofen des
E-Herdes (Heißluftherd 180 °C, Gasherd Stufe 4–5)
10–15 Minuten erhitzen. Dabei springt der Kreuz-
schnitt auseinander und Schale sowie Fruchthäutchen lassen sich entfernen.
Die zweite Methode besteht darin, die kreuzweise
eingeschnittenen Maronen etwa 10 Minuten in
kochendes Wasser zu legen, worauf sie sich ebenfalls leicht schälen lassen.

Geröstete Maronen

1200 g Maronen (je Esser 300 g)

Die Maronen nach dem Waschen mit einem
scharfen Messer kreuzweise einschneiden und auf
einem Backblech auf der mittleren Schiebeleiste
des E-Herdes im Backofen bei 225 °C (Heißluftherd 180 °C, Gasherd Stufe 4–5) 30 Minuten
rösten. Bei der Mahlzeit die Schale lösen.
Die heißen gerösteten Maronen sind ebenso nahr-
haft wie wohlschmeckend und bilden eine zwang-
lose Mahlzeit zu Buttertoast oder Schwarzbrot und
Rotwein. Der Röstprozeß verwandelt die Stärke-
masse der Maronen in Zucker, sodaß sie jetzt
nußähnlicher schmecken als in rohem Zustand.
Allerdings: 100 g Maronen entsprechen 170 Kalo-
rien (710 Joule).

Maronenpüree

500 g Maronen, Fleischbrühe, ½ Knolle Sellerie,
½ l Milch, Salz

Die Maronen von der Schale befreien, wie auf
Seite 87 beschrieben. Die noch heißen Kastanien
in so viel kochende Fleischbrühe geben, daß sie
gerade bedeckt sind. Außerdem ein Stück geputz-
ten, gewaschenen Sellerie mit hineingeben.
Die Maronen langsam garen, bis sie weich sind.
Die Brühe durch ein Sieb in einen Topf abgießen
und aufbewahren. Die Kastanien durch das Sieb
passieren. Kochende Milch und ½ l der abgegos-

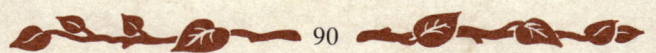

senen Fleischbrühe zugeben und mit dem Mixquirl ein dickliches Püree rühren, das nach
Geschmack gesalzen wird.
Kastanienpüree schmeckt besonders zu allem
geräucherten Fleisch, zu gebratenem Wild und
Geflügel und stellt eine nicht alltägliche Beilage
dar.

Gänsebraten mit Maronenfüllung

*1 junge Gans, ca. 4 kg, bratfertig vorbereitet,
1 Teelöffel Oregano, Salz, 250 g Maronen, 500 g
kleine aromatische Äpfel, ½ l Wasser, 1 Eßlöffel
Speisestärke*

Die Gans innen mit Oregano und Salz einreiben.
Die geschälten Maronen (siehe Seite 87) und die
gewaschenen, von Blüte und Stiel befreiten Äpfel
hineinfüllen. Die Gans verschließen (Baumwoll-
garn oder Rouladenspießchen). Mit der Brustseite
nach unten auf den Rost einer Bratpfanne legen

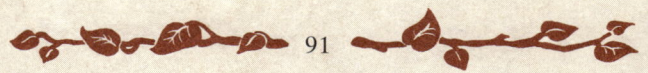

und gleichmäßig mit ¼ l kochendem Wasser übergießen. Auf die mittlere Schiebeleiste des auf
220 °C vorgeheizten Backofen des E-Herdes (Heißluftherd 180 °C, Gasherd Stufe 4) schieben und
eine gute Stunde braten. Danach das Fett abschöp-
fen und die Gans herumdrehen.
Die Temperatur auf 200 °C (Heißluftherd 160 °C,
Gasherd Stufe 3–4) herunterschalten und die Gans
jetzt noch etwa zwei Stunden fertigbraten. Wenn
nötig, zwischendurch etwas heißes Wasser nach-
füllen.
Die gebräunte Gans auf eine Platte legen, mit
kaltem Salzwasser bepinseln und nochmals kurz
in den Backofen stellen, damit die Haut ganz
knusprig wird. Die Sauce entfetten, wie üblich
andicken und getrennt zur Gans geben. Vor dem
Anrichten die Gans öffnen und die Füllung um
die Gans legen.

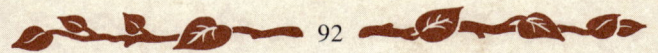

Maronen-Kohlrouladen

*1 Kopf Weißkohl, 1 altbackenes Brötchen, 1 Eßlöffel
Butter, 1 Prise Salz, 1 Prise geriebene Muskatnuß,
250 g gemischtes Hackfleisch, 2 Eier, 20 Maronen,
¼ l Fleischbrühe, 75 g Butter*

Die großen Außenblätter des Weißkohls ab-
trennen, waschen und blanchieren (heiß überbrühen und 30 Minuten im Wasser liegen lassen).
Das trockene Brötchen in Wasser einweichen, ausdrücken und in der Pfanne unter Beigabe von
Butter, Salz und Muskatnuß erhitzen. Abkühlen
lassen und mit dem Hackfleisch sowie den Eiern
zu einer geschmeidigen Masse verrühren. Die
Maronen nach dem Schälen (siehe Seite 87) in
etwas Wasser weich kochen und abgießen.
Die Krautblätter aus dem Wasser nehmen, abtropfen lassen und die Fleischmasse darauf verteilen. Je Kohlroulade 4–5 Stück der weichgekoch-
ten Maronen dazugeben. Die Kohlblätter zusammenrollen und mit einem Baumwollfaden
umwickeln.
Eine Kasserolle einfetten, die Kohlrouladen
hineinlegen und Fleischbrühe sowie Fett hinzugeben. Bei mittlerer Hitze so lange schmoren, bis
die Flüssigkeit eingekocht ist und die Kohlblätter
sich leicht bräunen.

Maronenmousse

*250 g Maronen, 2 Eßlöffel Butter, 1 Eßlöffel Zucker,
4 Eßlöffel Fleischbrühe, 3 Eßlöffel Milch, 4 Eßlöffel
süße Sahne, 1 Prise Salz, 1 Eßlöffel Zitronensaft,
2 Eßlöffel Portwein, 2 Äpfel oder Orangen, Belegkirschen*

Die Maronen nach Angabe auf Seite 87 schälen.
In einem Topf Butter und Zucker schmelzen
lassen und die Kastanien darin unter ständigem
Wenden 10 Minuten karamelisieren. Heiße
Fleischbrühe und Milch darübergießen und im
geschlossenen Topf 15 Minuten dünsten. Die
weichen Maronen mit dem Mixer pürieren oder
durch ein Sieb streichen. Sahne mit Salz steif
schlagen, Zitronensaft und Portwein einrühren und
unter das abgekühlte Maronenpüree heben.
Äpfel oder Orangen schälen und in Scheiben von
1 cm Stärke schneiden. Die Maronenmousse in
einen Spritzbeutel füllen und portionsweise auf die
Fruchtscheiben spritzen. Zuletzt mit Belegkirschen
garnieren.
Das ist eine ebenso leckere wie appetitlich aus-
sehende Beilage zu Wild- und Geflügelgerichten
und bereichert auch ein kaltes Büffet eindrucks-
voll.

Creme à la Nesselrode

125 g geschälte Maronen (nach Anleitung Seite 87), ½ Stange Bourbon-Vanille, ¼ l Milch, ⅜ l süße Sahne, 3 Eigelb, 165 g Zucker, 6 Blatt weiße Gelatine, 1 Päckchen Vanillezucker, 1 Likörglas Maraschino, 50 g Sultaninen, 50 g Korinthen, 30 g feingehacktes Zitronat, Mandelöl

Die Maronen in der mit Vanilleschote gewürzten Milch weich kochen und durch ein Sieb streichen. ⅛ l süße Sahne mit Eigelb und 125 g Zucker auf kleiner Flamme (oder im Wasserbad) bis kurz vor dem Kochen zu einer dicken Creme schlagen und vom Feuer nehmen.
Die in wenig kaltem Wasser eingeweichte Gelatine ausdrücken und unter die Creme rühren, bis sie sich aufgelöst hat. Den Rest Zucker in einer Pfanne karamelisieren und mit den durchgestrichenen Maronen unter die Creme mischen. Danach kalt stellen. Bevor die Creme zu stocken beginnt, den Rest der Sahne mit Vanillezucker steif schlagen. Einen Teil als Garnitur beiseite stellen. Den anderen Teil mit Maraschino, Sultaninen, Korinthen und Zitronat vorsichtig unter die Creme heben.
Eine Form mit Mandelöl ausstreichen und die Creme hineinfüllen. Im Tiefkühlfach oder -schrank halb gefrieren lassen. Vor dem Anrichten auf eine Platte stürzen und mit der mit Maraschino aromatisierten Schlagsahne verzieren.
Dieses ebenso köstliche wie berühmte Dessert der

klassischen Küche leisten wir uns an besonderen
Festtagen. Zur Nachahmung empfohlen! Übrigens:
Nesselrode, russischer Graf und Politiker
(1780–1862), hat mehrere Dessertschöpfungen der
Nachwelt überliefert. Wie schön wäre es, wenn
auch unsere Politiker heute sich so leckeren
Beschäftigungen widmen würden …!

Vermicelles

Wer seine französischen Kenntnisse zur Hand hat,
weiß, daß „vermicelles" eigentlich Fadennudeln
sind. In unserem Fall handelt es sich jedoch um
die wurmartig gepreßten Maronen, die eine in
romanischen und südlichen Ländern beliebte
Süßigkeit darstellen und dort in guten Kondi-
toreien käuflich sind. Zuzubereiten sind die
originellen Vermicelles ganz einfach.

*500 g Maronen, knapp ¼ l Milch, 1 Stange Bourbon-
Vanille, 75 g Zucker, 5 Eßlöffel Wasser, ⅛ l süße
Sahne, ½ Teelöffel Vanillezucker*

Die Kastanien nach Angabe auf Seite 87 schälen.
In einem Topf die Kastanien mit Milch übergießen, so daß sie bedeckt sind, und die aufge-
schlitzte Vanillestange hinzugeben. Nun die Kastanien weich kochen. Aus Zucker und Wasser einen
Sirup kochen. Die gegarten Kastanien abgießen
und durch die Kartoffelpresse drücken. Mit dem
Sirup vermengen, sodaß eine feuchte Masse

entsteht. Diese erneut durch die Kartoffelpresse geben und dabei entweder eine Platte oder kleine Schälchen füllen. Die Sahne unter Beigabe von Vanillezucker steif schlagen. In eine Spritztüte füllen und die Vermicelles beliebig garnieren.

Maronentorte

Mit dieser nicht alltäglichen Torte sammeln Sie Pluspunkte bei Ihren Gästen und natürlich auch bei Ihrer Familie. Dabei ist sie durchaus nicht besonders schwierig in der Zubereitung. Merken Sie das Rezept für die nächste Maronenerntezeit vor!

800 g Maronen (Eßkastanien), Salz, 4 Eiweiß, 280 g Zucker, 1 Päckchen Vanillezucker, Saft von 1 Zitrone, Backpapier zum Auslegen der Tortenform, 250 g Himbeermarmelade (von Waldhimbeeren!), 280 g Couvertüre (Halbbitter oder Vollmilch), 2 Eßlöffel Butter, 2 Eßlöffel Zucker

Die nach Vorschrift (siehe Seite 87) geschälten Maronen in leicht gesalzenem Wasser weich kochen. 12 schöne Kastanien für die Garnierung aufheben. Das Wasser abgießen und die weichge-kochten Maronen durch ein Sieb passieren. Die Eiweiß steif schlagen, nach und nach Zucker und Vanillezucker unterrühren. Zuletzt behutsam den Zitronensaft und das Maronenpüree unterheben. Diese Masse in eine mit Backpapier ausgelegte

Tortenform füllen und auf der mittleren Schiebe-
leiste in dem auf 160 °C vorgeheizten Backofen des
E-Herdes 1 Stunde backen (Heißluftherd 120 °C,
Gasherd Stufe 3).
Vorsichtig aus der Springform lösen. Auf eine
Platte stürzen. Das Backpapier abziehen und die
Torte auskühlen lassen.
Die Tortenoberfläche dann mit Marmelade be-
streichen. Couvertüre im Wasserbad flüssig werden
lassen und die Torte gleichmäßig damit über-
ziehen.
Butter und Zucker in der Pfanne schmelzen lassen
und die zurückgelegten Maronen darin glasieren.
Die Torte damit belegen, solange der Schokoladen-
guß noch weich ist.

Schlehen entdecken

Schlehen haben den Vorzug, daß sie als letzte
Früchte gesammelt werden können, also noch im
November, da sie unbedingt mindestens einmal
Frost bekommen haben sollen. Mit Schlehen
können Sie sich also beschäftigen, wenn die
anderen Wildfrüchte längst verarbeitet sind.

Schlehensaft

Die Schlehen waschen, von den Stielen befreien
und so mit kochendem Wasser übergießen, daß sie
eben bedeckt sind. 24 Stunden stehen lassen.
Dann die Flüssigkeit umgießen, aufkochen und die
Schlehen erneut damit überbrühen. Nach weiteren
24 Stunden den Vorgang nochmals wiederholen.
Nochmals 24 Stunden später den Saft durch ein
durchlässiges Tuch ablaufen lassen. Zu 1 l Saft
500 g Gelierzucker geben und 5 Minuten kochen
lassen.
Den heißen Saft in vorbereitete sterilisierte
Flaschen füllen und fest verschließen.

Hilde Hüttmanns Schlehengrog

3 l Schlehensaft, 600 g Zucker, 3 Stangen Zimt (Kanehl), 1 Flasche Rum (40%)

Schlehensaft herstellen, wie auf Seite 99 beschrieben, jedoch dem durch ein Tuch geseihten Saft keinen Gelierzucker zufügen. Danach den Saft mit Zucker und Zimt 10 Minuten kochen lassen. Den Topf vom Feuer nehmen. Die Zimtstange entfernen und den Rum hinzugießen. Durchrühren und entweder sofort trinken oder in luftdicht verschlossenen Flaschen aufbewahren. Das heiße Getränk schmeckt nicht nur gut, sondern hilft auch bei Erkältungen.

Fruchtsternchen

*250 g Butter, 125 g Zucker, 1 Vanillezucker, 1 Eigelb,
1 Eiweiß, 400 g Weizenmehl, Mehl zum Ausrollen,
Schlehenmarmelade (Rezept siehe unten), Hagelzucker*

Butter, Zucker, Vanillezucker und Eigelb mit dem
Mixer schaumig rühren und das Mehl unter-
kneten. Den Teigkloß in Alufolie wickeln und
mindestens 1 Stunde im Kühlschrank ruhen lassen.
Dann auf einer bemehlten Arbeitsfläche den Teig
3 mm dick ausrollen und sternförmige Plätzchen
ausstechen. Diese auf ein ungefettetes Backblech
setzen und auf der obersten Schiebeleiste des auf
200 °C vorgeheizten Backofens des E-Herdes
(Heißluftherd 160 °C, Gasherd Stufe 4) 10 Minuten
hellgelb backen. Auf einem Gitterrost abkühlen
lassen.
Die Schlehenmarmelade leicht erwärmen. Je zwei
der Sternplätzchen mit der Marmelade zusammen-
setzen. Die Oberfläche mit Marmelade bestreichen
und zuletzt mit Hagelzucker überstreuen. Über
Nacht an der Luft trocknen lassen und danach in
einer Dose aufbewahren.

Schlehen-Zwetschen-Marmelade

*500 g Schlehenmark, 1 kg entsteinte Zwetschen,
1,5 kg Gelierzucker*

Die Schlehen waschen und, mit Wasser bedeckt,
10 Minuten kochen. Durch ein Sieb passieren,

damit die Kerne zurückbleiben. Am nächsten
Morgen hat sich das Fruchtmark vom Saft abge-
setzt, sodaß sich der Saft abgießen läßt. (Dieser Saft
kann im Verhältnis 1:3 mit Birnen- oder Apfelsaft
zu Gelee gekocht werden.)
Die Zwetschen mit dem Mixer pürieren und mit
dem Schlehenmark und dem Zucker in einem
großen Topf kalt verrühren. Zum Kochen bringen
und 4 Minuten sprudelnd kochen lassen.
In gewaschene und mit Alkohol ausgespülte
Gläser füllen und sofort mit Einmachhaut oder
Schraubdeckel verschließen.
Die Marmelade eignet sich gut für verschiedenes
Gebäck, zu Eis oder als Aufstrich.

Halbgefrorenes von Schlehen zu Waffeln

Da Sie mit dieser delikaten Kaffee-Beigabe sicher
ein paar Gäste bewirten werden, sind die Mengen
so angegeben, daß sie für acht Personen passen.

*Zum Halbgefrorenen: 4 Eier, 50 g Zucker, 750 g
Schlehen-Zwetschen-Marmelade (siehe Seite 101),
2 Eßlöffel Rum, abgeriebene Schale von ½ unge-
spritzen Zitrone, ¼ l süße Sahne
Zu den Waffeln: 200 g Butter, 100 g Zucker,
2 Stangen Vanille, Schale von ½ ungespritzen
Zitrone, 4 Eier, 200 g Weizenmehl, ½ Teelöffel
Backpulver, Fett zum Backen im Waffeleisen*

Für das Halbgefrorene die Eigelb mit Zucker
schaumig schlagen, die Marmelade (außer einem
Rest für die Garnierung) mit Rum und Zitronensaft darunterrühren.
Die Eiweiß und die Sahne getrennt voneinander
sehr steif schlagen. Beides nacheinander unter die
Marmeladen-Eigelbmasse heben. Ins Tiefkühlfach
(oder Tiefkühltruhe) stellen und gefrieren lassen.
Dazwischen mehrmals umrühren.
Für die Waffeln Fett, Zucker, die ausgeschabten
Vanilleschoten und die abgeriebene Zitronenschale
schaumig rühren. Nach und nach die Eier zugeben. Mehl und Backpulver vermischen und
unterrühren. Mit dieser Masse im gefetteten Waffeleisen Waffelherzen backen, die entweder warm
oder kalt serviert werden können.
Das Halbgefrorene zu Kugeln portionieren und
jede auf ein Waffelherz setzen. Zuletzt mit dem
Rest der Marmelade garnieren.

Sanddornsaft kochen

Da sich vorher meist nicht festlegen läßt, wie groß
die „Ernte" an Sanddornbeeren sein wird, merken
Sie sich das Verhältnis zwischen Saft und Zucker-
beigabe: auf 1 l gekochten und durchgeseihten Saft
kommen 500 g Gelierzucker. Danach lassen sich
für alle Saftmengen die Zuckerzusätze berechnen.
Die Sanddornbeeren kalt abspülen und abtropfen
lassen. In einen Topf geben, knapp mit Wasser
bedecken und durchkochen. Den Fruchtbrei auf
ein über einen großen Topf gespanntes feines Tuch
geben und den Saft ablaufen lassen. Diesen Saft
abmessen und mit der notwendigen Menge Gelierzucker verrühren. Beides gemeinsam zum Kochen
bringen und 5 Minuten im offenen Topf kochen
lassen.
In vorbereitete Flaschen füllen und sofort fest
verschließen.

Sanddorn-Cocktail

*2 Becher Joghurt, ¼ l Buttermilch, 2 Eßlöffel Sand-
dornsaft, 2 Eßlöffel Zucker*

Alle gut gekühlten Zutaten im Mixer durchrühren,
in Gläser füllen und kalt servieren.

Sanddorn-Getränk

8 Eßlöffel Sanddornsaft, heißes Wasser, 4 Scheiben Zitrone

In jedes Glas 2 Eßlöffel Sanddornsaft geben, mit heißem Wasser auffüllen und mit einer Zitronen-scheibe servieren.

Sanddorn-Milchmix

1 l Milch, $\frac{1}{4}$ l Sanddornsaft

Die eisgekühlte Milch mit Sanddornsaft im Mixer
auf der stärksten Stufe kräftig verquirlen.

Variationen von Wildfrüchten

Rote Grütze aus Wildfrüchten

Zu einer solchen aromatischen „Roten Grütze", wie sie vor allem in Norddeutschland viel gegessen wird, können Sie mancherlei Wildfrüchte verwenden – frisch oder tiefgekühlt, oder auch eingemachten Saft, nach Belieben durcheinander.

Das ist das Grundrezept:

250 g Erdbeeren, 250 g Himbeeren, 250 g Brombeeren (alle Früchte selbst gepflückt), ³/₄ l Wasser, ca. 200 g Zucker, 75 g Stärkemehl, 1 Eßlöffel Zitronensaft

Die Früchte verlesen, abspülen, abtropfen lassen. In einem Topf, mit Wasser bedeckt, aufkochen und 3 Minuten sprudeln lassen. Dann durch ein feines Sieb passieren (bei Saftverwendung nicht nötig!). Den Fruchtsaft mit Zucker noch einmal zum Kochen bringen und mit dem in kaltem Wasser angerührten Stärkemehl andicken. Die Grütze in eine Glasschale geben, erkalten lassen und dazu nach Belieben flüssige süße Sahne oder Vanillesauce reichen.
Falls Sie Ihre Grütze von Blau- und Brombeeren machen, haben Sie den Sonderfall einer „blauen

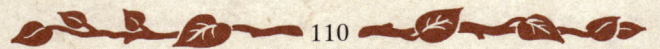

Grütze". Ein Schuß Rotwein hebt den Geschmack
noch.

Wildbeer-Potpourri mit Zimtschaum

250 g Heidelbeeren, 250 g Brombeeren, 250 g Him-
beeren (alles selbst gesammelt), 6 Eßlöffel Zucker,
½ Glas Himbeergeist, abgeriebene Schale von
1 ungespritzten Zitrone, 2 Eßlöffel Zitronensaft
Zum Zimtschaum: 6 Eigelb, ½ Glas Weißwein,
1 Päckchen Vanillezucker (Reformhaus), ¼ l süße
Sahne, 1 Teelöffel Zimt

Die verlesenen, kalt abgespülten und abgetropften
Beeren in eine Schüssel geben.
3 Eßlöffel Zucker, Himbeergeist, Zitronenschale
und Zitronensaft miteinander verrühren und über
die Beeren gießen. Die Früchte dann vorsichtig
umrühren, damit sie nicht zermatschen. Nach
30 Minuten Eigelb, Weißwein, 3 Eßlöffel Zucker,
Vanillezucker, Sahne und Zimt verrühren und bei
kleiner Hitze oder (besser) im Wasserbad bis kurz
vor dem Kochen zu einer dicken Creme schlagen.
Den Zimtschaum getrennt zu den Beeren reichen.

Wildfruchtsülze mit Heidelbeersahne

¼ l „Kroatzbeere" (Fruchtsaftlikör aus Brombeeren),
¼ l trockener Rotwein, 100 g Zucker, abgeriebene

Schale von ½ ungespritzten Zitrone, 250 g Preisel-
beeren, 250 g Brombeeren, 5 Blatt rote Gelatine,
125 g Heidelbeeren, ¼ l Schlagsahne, 1 Päckchen
Vanillezucker (Reformhaus)

Kroatzbeere, Rotwein, Zucker und Zitronenschale
zusammen aufkochen. Die Preiselbeeren verlesen,
abspülen, abtropfen lassen und in die kochende
Flüssigkeit geben. So lange darin köcheln lassen,
bis die Beerenhäutchen platzen. Den Topf vom
Herd nehmen, die verlesenen, gewaschenen und
abgetropften Brombeeren zugeben, aber nicht
mehr kochen, sondern nur kurz ziehen lassen.
Die Gelatine in kaltem Wasser einweichen, ausdrücken. Mit einer Schaumkelle die Früchte aus
dem Saft nehmen, abtropfen lassen und in die
Mitte von tiefen Dessertschälchen häufen, sodaß
4 bis 6 Portionen entstehen.
Die Gelatine im Fruchtsaft unter Umrühren auf-
lösen und behutsam über die Beeren gießen, sodaß
sie bedeckt sind. Im Kühlschrank gelieren lassen.
Kurz vor dem Servieren die Heidelbeeren mit dem
Mixer pürieren. Sahne mit Vanillezucker steif
schlagen. Das Heidelbeerpüree vorsichtig unter die
Sahne heben und zur Fruchtsülze reichen.

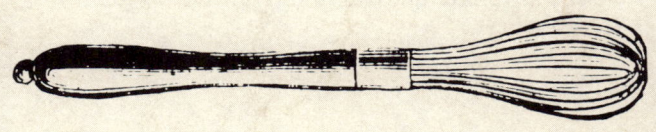

Herzen von Fruchtsülze

½ l Wildfruchtsaft (wie vorhanden), 4 Eßlöffel Zucker, 8 Blatt rote Gelatine

Fruchtsaft und Zucker zum Kochen bringen. Den Topf vom Herd nehmen und die in kaltem Wasser eingeweichte, gut ausgedrückte Gelatine hinzugeben. So lange rühren, bis sie sich aufgelöst hat. Die Masse auf eine flache Schale etwa 1 cm dick ausgießen und kalt stellen.
Wenn sie völlig erstarrt ist, winzige Herzenformen (vielleicht aus dem Kinder-Backset) ausstechen und damit Desserts, Salate, kaltes Fleisch lustig garnieren. Im Kühlschrank hält sich die Sülze mehrere Tage frisch.

Wildfruchtgelee

¼ l ungesüßter Schlehensaft (siehe Seite 99), ¼ l Brombeersaft (siehe Seite 63), ¼ l Holunderbeersaft (siehe Seite 69), 1 kg Gelierzucker

Die Säfte mit dem Gelierzucker kalt verrühren. Zusammen in einem Topf zum Kochen bringen und 4 Minuten sprudelnd kochen lassen.
In vorbereitete, mit hochprozentigem Alkohol ausgeschwenkte Glässer füllen und sofort gut verschließen.

TRIPLE MOTION
WHITE MOUNTAIN
ICE CREAM FREEZER

Wildfrüchte einfrieren

Wildfrüchte lassen sich gut einfrieren! Sie müssen
vorher sorgsam verlesen, geputzt, gewaschen und
gut abgetropft sein. Sie können – je nach der vorge-
sehenen Verwendung – mit oder ohne Zucker ein-
gefroren werden.
Für Kuchen und Torten die Früchte ohne Zucker
auf dem Backblech vorfrieren, damit sie nicht
zusammenkleben. Dann die gefrorenen Beeren

portionsweise in Plastikbeutel füllen und luftdicht
verschließen.
Beim Einfrieren mit Zucker rechnet man auf 500 g
Früchte 50 – 100 g Zucker und bewahrt sie in
Plastikbeuteln oder -gefäßen auf.

...noch zwei Wildfrüchte zum guten Schluß

Wacholderlikör

125 g Wacholderbeeren, 350 g Zucker, 1 ungespritzte Zitrone, 1 Stange Zimt (Kanehl), ¼ l reiner Alkohol von 90%

Die frisch gepflückten Wacholderbeeren waschen und abtropfen lassen.
Den Zucker, die in Scheiben geschnittene Zitrone mit der Zimtstange in ½ l Wasser 30 Minuten einkochen. Die Wacholderbeeren in diesen Sirup geben und zugedeckt abkühlen lassen.
Den Alkohol hinzugießen, mischen und in ein Einmachglas füllen, das fest verschlossen wird.
Es soll 4 Wochen stehen und in Abständen geschüttelt werden.
Dann die Flüssigkeit durch ein Haarsieb gießen und in eine Flasche füllen. Zum Wohl!

Vogelbeergelee

Roh schmecken die Vogelbeeren der Eberesche nicht, aber als Gelee haben sie das gewisse Etwas. Wem das Gelee pur doch zu herb ist, der fügt – wie vorhanden – Birnen- oder Quittensaft hinzu.

Die Vogelbeeren waschen und von den Dolden zupfen. In einen Topf geben, knapp mit Wasser bedecken und weich kochen. Den Saft durch ein Seihtuch über einem Topf ablaufen lassen. Saft und Gelierzucker in gleicher Menge (auf 1 kg bzw. 1 l Vogelbeersaft 1 kg Gelierzucker) kalt mischen. Zum Kochen bringen und 4 Minuten sprudelnd kochen lassen.
In gut gewaschene, mit Alkohol ausgespülte Gläser füllen und sofort mit Einmachhaut oder einem Schraubdeckel luftdicht verschließen.

Notizen

Notizen

Notizen

Die Rezepte im einzelnen

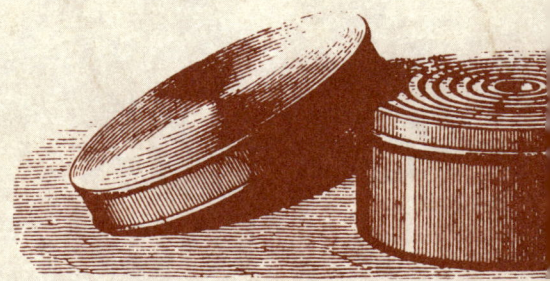

Die Rezepte im einzelnen

Die Rezepte im einzelnen

In dieser Reihe sind erschienen:

Fragen Sie Ihren Buchhändler oder schreiben Sie uns:
Wir schicken Ihnen gern unser Verlagsverzeichnis.